VOCABULAIRE
DES PRINCIPES

DE LA

CONFECTION DE LA CHAUSSURE,

Par MORAND,

Marchand cordonnier à Fontainebleau,

OUVRAGE APPROUVÉ PAR PLUSIEURS SOCIÉTÉS DE PARIS.

Deuxième Édition.

Cette seconde Édition, étant augmentée de plusieurs chapitres,

Se Vend :

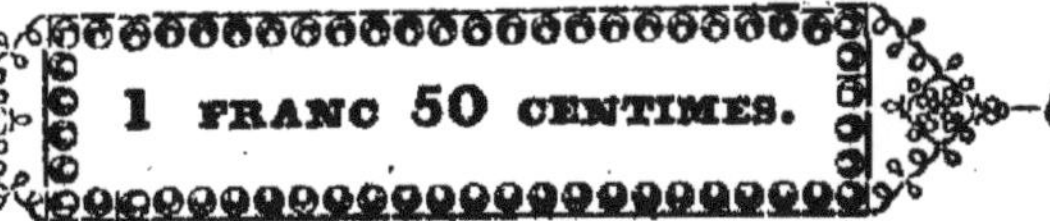

MELUN,

Imprimerie de DESRUES et Cie, boulevard Saint-Jean, 2.

1857.

VOCABULAIRE

DES PRINCIPES

DE LA

CONFECTION DE LA CHAUSSURE.

VOCABULAIRE

DES PRINCIPES

DE LA

CONFECTION DE LA CHAUSSURE.

Par MORAND,

Marchand cordonnier à Fontainebleau.

Ouvrage approuvé par plusieurs Sociétés de Paris.

2e édition.

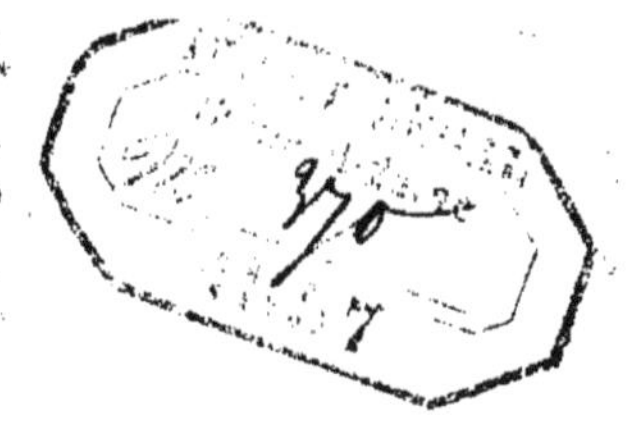

MELUN,

Imprimerie de DESRUES et Cie, boulevard Saint-Jean, 2.

1857.

Paris, le 15 mars 1857.

Monsieur Morand,

Répondant à votre lettre du 12 février 1857, nous avons l'honneur de vous informer qu'après avoir pris connaissance de votre ouvrage, notre opinion est qu'il ne peut qu'être utile aux ouvriers de la profession qui voudront scrupuleusement en suivre et exécuter les détails.

Recevez, Monsieur,

L'assurance de nôtre parfaite considération.

Signé **FECHE,**
Président de la Société des Coupeurs.

Paris, le 27 septembre 1857.

Les soussignés déclarent avoir lu avec beaucoup d'intérêt l'ouvrage sur la cordonnerie, de M. Morand, le remercient des bons conseils qu'il donne aux ouvriers de notre corporation, et nous les engageons beaucoup à se le procurer.

Pour les Compagnons du Devoir cordonniers et bottiers :

LANGE, **GLAISEL,** **LAVOLLE,**
1er en ville 2e en ville. 5e en ville.

Paris, ce 5 octobre 1857.

MONSIEUR,

La Société des Compagnons Cordonniers Bottiers du Devoir, *remerciés*, de la ville de Paris, a l'honneur de vous faire part qu'après avoir pris connaissance de votre ouvrage intitulé le *Vocabulaire des Principes de la Confection de la Chaussure*, vous donne son approbation pleine et entière sur son contenu,

Et vous prie,

Monsieur,

De recevoir ses salutations respectueuses.

La Société des Compagnons Cordonniers Bottiers du Devoir remerciés :

BEJEAN, *priésdent.*
GISCARO, *vice-président.*
FRANÇOIS, *trésorier.*
ROQUES, *secrétaire.*

Approuvé par M. CHAPELLE père et M. DELAULNE, membres du Conseil des Prud'hommes.

Si on ne donne pas à cette petite brochure le
nom de Théorie, c'est que l'instruction en est
bien préférable, car une théorie, vu la multipli-
cité des details et la longueur des phrases, fait
que, quand on arrive à la fin de chaque chapitre,
on ne sait plus ce qu'on a lu, ici il n'en est pas
de même, tout se sent, tout se comprend tellement bien que l'on peut l'exécuter avec facilité,
et, en l'exécutant, on travaillera avec principes,
vite et bien, sans végéter, sans protections et
sans obligations.

AUGUSTIN.

Mon père était maître cordonnier. Ayant une nombreuse famille, il lui fut impossible de pouvoir nous faire recevoir de l'éducation. Il nous a prêché probité et travail, nous faisant entendre qu'avec ces qualités nous serions toujours heureux; nous l'avons compris, et chacun de nous huit a rempli sa tâche. Quant à moi, j'ai la prétention de croire que j'ai appris le métier de cordonnier, et je vais vous en faire juges, le sentiment qui me guide étant d'être utile au grand nombre de ceux qui ont été mal démontrés, qui ont la bonne volonté d'apprendre, et à qui il ne faut que des principes pour devenir ouvriers.

Je parlerai avec toute la naïveté d'un homme dont l'éducation ne permet pas de faire des phrases.

J'arriverai donc franchement au but, ce qui, j'ose croire, vous sera préférable.

Je suis, avec le désir de vous être agréable,

Votre très-humble serviteur,

MORAND.

CHAPITRE Ier.

—

Histoire d'Antoine, ou le secret du garçon tailleur.

Il fut un temps où Paris renfermait un ouvrier cordonnier et un ouvrier tailleur d'une force incroyable à l'ouvrage, les nommés André et Antoine. André le cordonnier était connu de tous les ouvriers de son temps. Il aimait à faire connaître son habileté au travail, et pour cela il faisait de fréquentes pariures ; aussi l'avait-on surnommé André le parieur. Je vais me borner à vous en rapporter une seulement. En 1813, rue du Vertbois, 33, dans le mois d'octobre, où les jours ne sont que de six à six, il paria de faire dans sa semaine 55 paires de chaussons d'homme en vernis, sans veiller ; d'acheter les marchandises, les couper, les rafraîchir, les donner à border, les livrer, et en rapporter l'argent le samedi avant la nuit. Il gagna grandement son pari, car il en fit 60 paires. Que ceux qui en doutent voient les journaux de l'époque. André travaillait publiquement, c'est-à-dire dans les chambres ; on pouvait donc le voir et mettre à profit la manière dont il s'y prenait, mais il n'en était pas de même d'Antoine, voilà pourquoi :

Pendant son apprentissage et le temps nécessaire pour apprendre, il avait été le jouet des ouvriers, et cela parce qu'il était un peu difforme. Heureusement, il avait l'amour de son métier, beaucoup de goût et de courage ; avec ces dispositions, il lui fallut bien moins de temps qu'à tout autre pour parvenir, et, lorsqu'il eut atteint presque la perfection, fatigué des misères qu'on lui avait fait endurer, il se retira dans sa chambre et travailla seul. Il était devenu si fort à l'ouvrage, qu'on ne parlait que de lui dans tous les ateliers de tailleurs. Quand ses camarades lui demandaient : Comment diable fais-tu pour tant en faire ? il répondait : C'est mon secret. Il travaillait à un premier étage, dont les croisées donnaient sur une vaste cour ; il s'enfermait et retirait la clé de la serrure, pour qu'on ne le dérangeât pas et qu'on ne supposât pas même qu'il y était. Son établi était en face de la porte ; mais il n'avait pas prévu qu'on pouvait le voir à travers le trou de la serrure, et, sans qu'il s'en doutât, du matin au soir des yeux étaient braqués sur lui pour tâcher de découvrir ce secret si envié. N'ayant rien aperçu d'extraordinaire dans son travail, si ce n'est qu'il tirait son aiguille vite, disaient-ils, mais chacun d'eux prétendait la tirer aussi vite que lui ; la quantité d'ouvrage qu'il faisait, le mystère qu'il y mettait, leur semblait diabolique, et le mot secret était tellement accrédité que tous y croyaient. Après avoir employé tous les moyens pour le découvrir, d'un commun accord, ils convinrent d'y renoncer ; mais dominés par la jalousie, chacun d'eux employa la ruse.

Dîners, invitations d'amusements de toutes sortes, cadeaux adroitement offerts, tout fut employé pour le persuader qu'ils étaient ses amis intimes, et, par ce stratagème, obtenir sa faveur. Mais si la nature avait été ingrate à l'égard d'Antoine, en l'affligeant physiquement, elle l'avait dédommagé moralement, car il avait beaucoup d'intelligence et beaucoup trop pour ne pas savoir que ce n'était pas pour ses beaux yeux qu'on lui faisait tant d'honneur, puisqu'il savait bien qu'il louchait, ni non plus pour sa belle prestance, il savait aussi qu'il était petit, boiteux, bossu, bras courts, grêlé et chauve, non plus pour son amabilité, puisqu'on lui avait gâté le caractère par de mauvais traitements et les plaisanteries auxquelles il était en but ; aussi s'était-il promis d'avoir son tour. Invitez, invitez, et donnez moi, se disait-il, j'accepterai ce qui ne détruira en rien le désir que j'ai de me venger de tout ce que vous m'avez fait endurer... Il s'amusait à promettre son secret à chacun d'eux en particulier, en leur recommandant de n'en point parler aux autres, et, par ses promesses, il s'assurait de la continuation de leur faux respect et de leurs invitations.

Mais toutes choses ont leur fin. Arrivé à l'âge où l'indifférence succède au plaisir et où les plaisirs fatiguent, il renonça à ses intrigues sans renoncer à sa rancune. Profitant du jour de fête de l'état, et trouvant tous les camarades réunis, il leur dit : Mes amis, pour ne point faire de jaloux entre vous, ce qui peut-être me vaudrait autant d'ennemis sur mes vieux jours, j'ai pris la ferme résolution de garder mon secret jusqu'au dernier moment de mon existence.

A cette nouvelle, ils le regardèrent tous avec étonnement, chacun d'eux croyant qu'il lui était promis à lui seulement. — Dites-nous franchement à qui le donnerez-vous ; il répondit : C'est encore mon secret. Plusieurs avaient bien envie d'éclater en injures ; mais à quoi bon, dirent-ils, allons jusqu'au bout, et, pour détruire tous soupçons, ils lui tendirent la main et le complimentèrent sur le sage parti qu'il avait pris. Il les remercia et se retira. Lorsqu'il fut parti, ils s'interrogèrent dans les yeux pour savoir qui parlerait. L'un d'eux, le plus désappointé, celui qui avait le plus de prétentions au secret, parce qu'il avait fait plus de frais pour cela, prit la parole et dit :

Quand un homme promet et ne tient pas sa promesse, on ne doit plus avoir de confiance en lui. (C'est vrai, c'est vrai).

En conséquence, je propose que nous tenions une assemblée, afin de nous entendre à ce sujet et de vous dire ma façon de penser toute entière. Sa demande étant prise en considération, on convint du jour, de l'heure et de l'endroit. Le jour et l'heure arrivés, tous les convoqués s'y trouvèrent. L'orateur monte à la tribune et s'exprime ainsi :

Mes chers camarades, si ce que j'ai à vous communiquer est approuvé par vous tous, il faut que nous jurions par ce que nous avons de plus précieux au monde, que nous l'exécuterons fidèlement et que le silence en sera gardé religieusement. (Parlez! parlez.)

N'importe auquel de nous à qui Antoine donnera son secret, il devra le communiquer à tous dans une réunion tenue à cet effet, sous peine de ne pas professer le métier. (Approuvé! approuvé.)

Secondement : Justement indignés de sa conduite à notre égard (c'est vrai ! c'est vrai), nous nous cotiserons pour réunir l'argent de quelques cierges, qu'avant de nous séparer nous porterons processionnellement à l'autel de la Vierge, pour qu'ils y brûlent à l'intention de la *non* conservation de ses jours. (Bravo! bravo).

Troisièmement : En arrivant à l'autel, nous nous prosternerons et nous dirons tout bas, mais avec ferveur, cette courte prière : « Sainte Vierge, veuillez que sa maladie soit courte et que sa fin soit prochaine. »

Quatrièmement : Lorsqu'il sera malade, qu'il soit continuellement gardé par trois de nous le jour et la nuit, afin que son secret ne puisse pas nous échapper.

Cinquièmement : Nous sommes quatre-vingt-dix, j'ai fait autant de numéros, chacun tirera le sien, et, par ce moyen, les heures de garde se trouveront organisées ; les numéros 1, 2, 3 monteront les premiers, les numéros 4, 5, 6 les relèveront, ainsi de suite. Les gardes seront de douze heures, ce qui sera, en cas de longue maladie, le sacrifice d'une journée par quinzaine. Y consentez-vous. (Oui! oui! oui).

Sixième et dernier article : Nous n'endurerons pas d'ouvriers étrangers, à moins qu'ils ne signent le règlement. (C'est ça! c'est juste.) Puis il demanda qui avait des observations à faire ; personne n'ayant répondu, tous signèrent. Le tirage des numéros et la cotisation se firent dans l'ordre le plus parfait ; la séance fut levée par un torrent d'applaudissements et de bravos.

Le cortége se mit en marche ; ils traversèrent ainsi la ville pour arriver à l'église paroissiale, suivis d'un nombre considérable d'habitants. Comme à cette heure l'église se trouvait fermée, force fut de faire dire à M. le curé qu'ils désiraient faire brûler leurs cierges à la chapelle de la Vierge, pour la conservation des jours de leur confrère, qui était un ouvrier sans pareil. L'ordre fut aussitôt donné d'ouvrir et de laisser entrer. Arrivés à la chapelle, ils s'agenouillèrent et firent leur criminelle prière, puis ils allumèrent leurs cierges, les mirent brûler à l'autel et se retirèrent en paix.

La Vierge s'étant offensée de l'odieuse prière qui lui était adressée, les punit en envoyant à Antoine un permis de longue vie. Vingt ans après, il fut atteint de cette maladie à laquelle les médecins perdent leur latin, celle du grand âge.

Après l'avoir gardé des années, quand leur tour de garde arrivait, c'était autant de souhaits homicides qu'il recevait. Enfin, le docteur le voyant s'éteindre lui dit : Mon ami, si vous avez quelques confidences à faire...

— Je vous comprends.

— Cela ne fait pas mourir, mon cher.

— Non, ça ne fait que prévenir qu'on a peu de temps à vivre.

Merci, Monsieur, merci. Je vais d'abord accomplir un devoir envers mes bons amis les garçons tailleurs, qui ont tant fait pour moi. Encore merci de m'avoir averti, ils m'auraient accusé d'ingratitude, défaut le moins pardonnable à l'homme. Afin que je passe une nuit tranquille, dit-il à ceux qui étaient près de lui, allez leur dire qu'ils viennent.

La chambre du malade ne tarda pas à être envahie. Lorsqu'ils furent tous réunis, il leur demanda de lui promettre d'assister à son convoi, à quoi ils répondirent convenablement; cependant quelques-uns d'entre eux, soit par empressement, par absence ou à dessein, dirent avec plaisir; ils furent aussitôt invités à se retirer. Ils cherchèrent à s'excuser, mais Antoine ayant fait un geste de mécontement, force leur fût de descendre l'escalier. La croisée était ouverte, parce que le mourant avait demandé de l'air; ils restèrent dans la cour d'où ils pouvaient tout entendre. Lorsque le silence fut établi, il leur dit d'une voix sonore et accentuée :

Mes chers camarades, j'éprouve une grande satisfaction à vous voir réunis autour de mon lit de mort. Je me fais une

joie de vous donner le salaire d'un labeur si dignement mérité. Vous allez enfin recueillir le fruit de l'arbre que vos
prières et vos vœux ont maintenu si longtemps debout; je
souhaite que, quand vous en serez possesseurs, il vous
profite.

Je vais vous le communiquer. Écoutez bien : Avant de
commencer à coudre; ici, par un mouvement nerveux il
se leva sur son séant et dit : N'oubliez pas, au bout du fil,
de faire un nœud. Voilà tout mon secret.

Il s'affaissa, il était mort; et tous, comme s'ils s'étaient
donné le mot, dirent que le diable l'emporte! Ceux qui
étaient dans la cour répondirent : *Amen!*

CHAPITRE II.

Mon dernier apprentissage.

Lorsque j'arrivai à Paris, je croyais savoir travailler ; j'entrai dans une des maisons les plus en renommée. On me fit commencer par douze paires de chaussons en satin ; je n'en avais jamais fait, mais, plein de confiance en moi, je les entrepris, et, comme je fus longtemps à les etablir, la demoiselle de boutique vint les chercher, mais ne voulut pas s'en charger, tant ils étaient mal faits ; elle me dit qu'il fallait que je les portasse moi-même. Je ne savais ce que cela voulait dire, mais lorsqu'elle m'eut fait voir l'ouvrage qu'elle avait dans sa toilette, en me disant : Voilà comment on travaille pour la maison Herbet, je fus déconcerté et frappé d'étonnement, ne pouvant pas croire qu'il fut possible d'aussi bien confectionner. J'étais bien embarrassé, j'avais peur qu'il ne me payât pas la façon. Un ouvrier qui connaissait la maison me dit : il vous paiera, mais il lui arrive souvent de brûler les formes et les souliers et de se battre avec l'ouvrier. J'étais jeune et peu hardi ; en allant porter cet ouvrage gâté, je tremblais. Arrivé, j'avais envie de l'abandonner et de me sauver, mais je ne possédais pas un sou et je dus rester. Lorsqu'il les eût entre les mains, je m'éloignai un peu de lui, fixant ses mouvements ; celui qui m'eut tâté le pouls aurait su que j'avais une fameuse fièvre, qui, heureusement, ne dura pas longtemps. Il me dit : c'est très-mal ; puis me demanda si j'avais bonne envie d'apprendre, et, sur ma réponse affirmative : J'aime la jeunesse, me dit-il, au moins ça vous écoute ; ce n'est pas comme ces vieux braves, qui ne veulent toujours faire qu'à leur tête. Mon étonnement fut aussi grand qu'avait été mon mécontentement. J'arrivai à la chambre avec ma charge du même ouvrage, au grand ébahissement de mes camarades ; je portai toute mon attention à ce que je faisais, et je fis journellement des progrès. La dernière fois qu'il m'a repris il m'a dit : Votre semelle est trop large de la moitié de l'épaisseur de l'ongle ; c'était un grand diminutif du jour où il me fit le reproche que sur trente-six observations je n'en avais tenu que dix-sept. Faire trente-six observations à un ouvrier, c'est lui dire prenez garde, vous travaillez pour un original.

Il faisait ses formes lui même, elles étaient d'une extrême propreté, on pourrait même dire claires comme de l'ivoire. Il fallait en avoir un soin particulier, c'est-à-dire les lui remettre telles qu'il les donnait ; celles d'escarpins ou de chaussons n'avaient que douze trous. Aurait-on fait des douzaines de douzaines de paires sur la même forme, il fallait, en montant et en renformant, planter les clous dans les mêmes trous ; s'il en apercevait un de plus ou le moindre coup de tranchet, il remerciait l'ouvrier, où il disait qu'elle n'était plus bonne que pour les souliers en souliers ; s'ils étaient trop multipliés, il les brûlait.

Il n'entreprenait pas de commande, à moins de six paires. Je suppose que, dans ces six paires, il y eût deux paires satin, deux paires étoffe à passe-talons, deux paires chaussons chèvre, la semelle noircie ; le même ouvrier devait faire toute la commande, excepté les souliers en souliers. Il donnait une forme pour le satin, une pour la couleur, une pour les chaussons noirs et une pour les souliers en souliers, aussi lui fallait-il souvent quatre formes pour chausser la même personne. Le jour où il me dit m'avoir fait trente-six obsertions, sur lesquelles je n'en avais tenu que dix-sept, c'était sur trois douzaines variées et trois formes pour les établir. Il m'est arrivé, par oubli, de lui remettre une forme sans être lissée ; il me dit : Vous l'ai-je donnée dans cet état ? Quittez votre cravate, venez devant mon ratelier, il vous servira de miroir.

Après deux heures on ne pouvait plus aller livrer. Un jour

que j'avais besoin d'argent, je fis celui qui ne le savait pas et je lui rapportai deux douzaines. Ce petit dialogue s'engagea entre nous :

— Monsieur, qu'elle heure est-il?

— Je crois qu'il est deux heures passées.

— Pourquoi venez-vous?

— Parce que j'ai fini.

— Il fallait venir avant deux heures, porter vingt-trois paires et un chausson, je vous aurais donné de l'argent et de l'ouvrage?

— Je ne le savais pas.

— Vous ne le saviez pas! tout Paris le sait.

Lui étant arrivé de me donner dix-huit paires de dessus de plus qu'il ne me fallait, je les lui remis, comme de juste; il ne voulait pas les recevoir, disant que s'ils eussent été en moins, c'eût été tant pis pour moi, qu'un ouvrier doit regarder s'il a son compte de fournitures en les recevant. Puis, en me prenant la main, il me dit qu'il lui faisait plaisir de voir qu'il y avait des braves parmi les braves, et, avec ironie, qu'il fallait croire que ce fut la première fois qu'il se trompât à son désavantage, car on ne lui avait jamais rien restitué, mais souvent réclamé. De ce jour, je fus regardé comme l'enfant de la maison; il m'assura qu'il y aurait toujours de l'ouvrage pour moi chez lui : effectivement, j'y suis rentré plusieurs fois. En 1813, par exemple, lorsque plus de la moitié des ouvriers étaient sans rien faire et l'autre moitié ne travaillait que trois jours de la semaine, il ne m'a pas laissé chômer une demi-journée. Il cessa de travailler cette même année, à mon grand regret, parce que c'était chez lui où j'avais sérieusement fait des progrès dans le métier.

Lorsque je sortis de chez M Herbet, je fus travailler chez MM. Roullier, Chapelle, Jensens; enfin dans les maisons les plus en réputation de l'époque. Ma dernière a été M. Melnotte, rue de la Paix, chez qui j'ai resté plus de cinq ans et que j'ai quitté pour m'établir.

Le temps où l'on me disait ce n'est pas bien était passé, car il m'arrivait quelquefois d'être complimenté; moi seul n'étais jamais content, trouvant toujours que je pourrais mieux faire. Un jour je vis un modèle tout neuf : c'était une bottine en soie à passe-talon de la même étoffe; il avait été fait en Angleterre. Cet ouvrage me parut tellement bien fait, que je dis à M. Melnotte que, si j'étais riche, je paierais bien cher pour en faire autant. Il me répondit :

— Vous faites mieux.

— Vous plaisantez, lui dis-je?

— Non, vous faites mieux.

Mais, quoi qu'il me l'ait dit plusieurs fois, il ne m'a pas persuadé. Et pourtant, s'il ne l'eût pas pensé, il était de son intérêt de me dire : Appliquez-vous et vous y parviendrez; mais, qu'il ait dit vrai ou non, ce qu'il y a de très-certain, c'est qu'il suffit de savoir quelque chose pour croire que l'on peut toujours mieux faire.

CHAPITRE III.

Un Aperçu de raisonnement de principe.

J'ai communiqué ce petit ouvrage à plusieurs personnes de l'état, afin d'être plus sûr de moi. J'ai combattu les objections qui m'ont été faites avec les principes, car il ne suffit pas de dire : c'est comme cela ; il faut en donner le motif, et, par un raisonnement irrécusable, démontrer l'utilité de la chose et prouver à quoi entraine l'inconvénient de la faire autrement. En voilà un exemple, que je soumets à votre appréciation. Il m'a été observé que les contreforts ne doivent pas être pâtés, et que les semelles d'escarpins et de chaussons doivent être employées le plus mouillé possible, par la raison, m'a-t-on dit, qu'un contrefort qui est collé fait grimacer le quartier et que la semelle qui n'est pas grandement mouillée plisse quand on la retourne ; à quoi j'ai répondu :

Que devient l'ouvrage quand les semelles ne sortent pas sèches des mains de l'ouvrier ? Vous devriez savoir qu'elles se tortillent et que l'ouvrage se déforme, se ternit et produit le plus mauvais effet.

— On fait autre chose pendant qu'elles sèchent.

— On fait autre chose, dites-vous, mais cette parole m'étonne davantage. A Paris, les maîtres à la commande ne donnent souvent qu'une paire, qu'il faut livrer à l'heure demandée, et, s'ils mouillaient leurs semelles, comme vous le prétendez, je vous demande dans quel état ils les livreraient. En province, il est rare qu'on en donne davantage ; il faudrait donc que les ouvriers se croisassent les bras longtemps, car il faut du temps pour sécher des semelles trop mouillées. Mais en admettant qu'on fasse autre chose, que deviennent les premières blanches ; elles deviennent incontestablement noires, les semelles ne pouvant sécher qu'étant renformées, car, en séchant hors de la forme, elles se retireraient tellement, qu'il serait impossible de renformer. Mais en supposant que les semelles plissent (ce qui n'arrive qu'à de la vache creuse), oubliez-vous que le machinoir, la panne du marteau et l'astique, sont des outils plus que suffisants pour faire passer les plis les plus prononcés, les plus multipliés ; vous oubliez aussi qu'une couture faite dans des semelles trop mouillées ne vaut rien, la poix n'ayant pas de prise. Mais ce qui prouve davantage que vous êtes en erreur, c'est que, tout autour de la lisse, les dessus de peau seraient ternes et ceux de couleur seraient tachés.

Vous conviendrez qu'il faut à un contrefort qui n'est pas pâté, deux fois plus de force qu'à celui qui l'est, pour obtenir la même fermeté, et encore on ne l'obtiendra pas ; comme aussi, on comprend qu'un contrefort qui n'est pas collé, mais qui est piqué derrière et par côté se maintient très-bien, mais ceux qui ne sont ni collés ni piqués, vu leur épaisseur, gêneront pour monter et le derrière du quartier sera matériel, et dans un soulier joint, pour peu qu'il ne soit pas bien sec en sortant de la forme, comme cela arrive presque toujours, le quartier perdra son maintien ; s'ils ne sont pas joints, il fera l'effet d'un porte-monnaie ouvert, chaque compartiment ira de son côté, en séchant il godera, et la bordeuse sera gênée pour arrêter et pour border.

Je conviens qu'un contrefort trop pâté sur un quartier mince et qui séchera, le soulier étant déformé, fera grimacer le quartier, et que, s'il sèche sur la forme, le ternira, le tachera même, s'il est en étoffe, et noircira la doublure ; mais dans toutes choses les extrêmes sont nuisibles ; l'emploi d'un contre-fort demande du raisonnement, il s'agit de savoir le parer, lui donner la force convenable, le battre, l'employer presque sec, avoir de bonne pâte et ne pas en mettre plus que la peau ne peut en supporter. Les ouvriers qui ont du goût le colleront sur l'étoffe la plus susceptible, sans occasionner aucun dommage ; observations auxquelles il a fait droit en n'y répondant pas ? Qui ne dit mot, consent.

CHAPITRE IV.

—

La Coupe est-elle un Art ?

On a beaucoup parlé de l'art de la coupe de la chaussure. Si c'est un art, je voudrais savoir s'il faut sept ou huit ans pour l'apprendre, ainsi qu'il les faut pour faire un cordonnier. Je n'insisterai pas sur ce que je vais dire, ne me posant ni comme coupeur ni comme maître, mais bien comme modeste ouvrier ; mais il me semble que, pour ceux qui ont un peu de conception, quelques leçons sur chaque genre d'ouvrage peuvent suffire pour le savoir. Je m'étais figuré aussi que le talent de la coupe consistait simplement dans l'habileté à couper, à bien assortir les fournitures, à connaître la confection et à savoir en montrer les défauts. Selon moi, les coupeurs qui sont artistes sont ceux qui inventent les nouveaux genres de coupes, en font le plan géométriquement, en donnent la gravure ou le patron qu'on appelle la mode. Que le talent du coupeur soit ce qu'on voudra le faire ; mais, puisqu'il faut le concours de trois personnes pour l'entier complément du métier, il ne faut pas le renfermer dans le talent d'une seule. Elles ont trois parties distinctes mais tellement liées que, sans l'une d'elles, une chaussure ne peut être parfaite. Il faut trois savoir faire, que l'on ne trouvera peut-être pas réunis chez un seul individu, mais qu'il ne pourrait pratiquer ensemble sans faire un ouvrage imparfait. Y a-t-il ou n'y a-t-il pas de talent à confectionner ? S'il y en a, pourquoi, vous qui raisonnez l'état, n'en parlez-vous pas ? Permettez que je vous pose cette question :

Duquel des trois talents dépend que la chaussure aille bien au pied ? Es-tce de celui qui a bien pris la mesure, de celui qui a bien coupé ou de l'ouvrier qui a bien monté. C'est de ce dernier ; car, vous comprendrez que si la botte ou le soulier est mal monté, la mesure et la coupe se trouvent désorganisées ; donc, le talent du maître et du coupeur se maintient ou se perd dans les mains de l'ouvrier, qui sait ou qui ne sait pas monter ; donc l'ouvrier est artiste comme le maître et le coupeur.

Je pourrai peut-être vous convaincre que je dis vrai.

CHAPITRE V.

De l'état de Cordonnier et des états de Bâtiment.

Puisque l'état de cordonnier est vulgairement considéré comme un métier qui n'en est pas un, je voudrais bien que les fournitures d'une paire de bottes vernies et d'une paire de bottines de satin à talons, sortant de l'eau, fussent mises en parallèle avec ces deux ouvrages parfaitement confectionnés et fussent soumises à toute personne dont les morceaux de cuir accumulés les uns sur les autres paraîtraient un petit tas de fumier, afin de savoir s'ils auraient pensé que ces dégoûtants débris pussent produire des ouvrages aussi propres, aussi merveilleusement faits, et s'ils ne reconnaîtraient pas qu'il faut être artiste pour être cordonnier perfectionné.

Une paire de bottes la plus ouvragée, une paire de bottines en satin à talon, à passe-talon, une paire de chaussons en soie blanche, renferment le savoir-faire du métier, puisque ce sont les ouvrages qui demandent le plus de goût, de délicatesse, de précison, de propreté, de talent. Il faut que chaque ouvrier emploie artistement ce qui lui revient des cent trente-quatre pièces ou morceaux·informes que l'on comptera pour établir ces six pièces bien faites, solides, polies, droites, propres et belles ; enfin des miniatures de constructions, que je compare à une petite maison bien bâtie, dont l'ingénieur serait le maître ; le plan, la coupe ; les matériaux, les fournitures ; la voûte, la forme, les fondations, la première; la charpente, le montage ; les murs, la trépointe cousue; le chargement, le remplissage ; la toiture, la semelle ; le plafond, la doublure ; la chaux, la poix ; le plâtre, la pâte; la peinture, la déforme. Nous sommes donc des constructeurs, et des constructeurs plus ingénieux que les ouvriers de bâtiment, puisque nous construisons comme eux, très-droit, sans le secours du niveau, de la perpendiculaire, de la règle, du compas, de l'équerre, ce qui leur donne l'avantage d'être ouvriers avant nous, car, avec toutes les meilleures dispositions, nous ne parvenons à l'être qu'à l'âge de 22 ou 23 ans, pour être sûrs de bien achever l'ouvrage ; mais comprendre l'état, l'apprécier, le raisonner avec principes, demande encore un âge plus avancé.

Les cordonniers qui atteignent la perfection ne se conservent parfaitement bons ouvriers qu'un laps de temps ; de 45 à 50 ans, ils s'aperçoivent qu'ils ne sont plus ce qu'ils ont été ; mais si, au nombre de leurs outils, ils comptaient ceux dont je parle plus haut, ils seraient comme ceux qui s'en servent, je veux dire ouvriers de bonne heure, et le grand âge seul les arrêterait ; mais il faut que nos yeux suppléent à ces grandes ressources de justesse, c'est pourquoi nous ne sommes parfaits ouvriers que tant que la vue nous le permet.

Le métier de cordonnier serait donc le plus difficile des métiers, puisque n'ayant rien pour nous aider, nous guider, nous gouverner, nous sommes longtemps à devenir ouvriers, lorsque ceux des autres corps d'état, comme je viens de le dire, savent travailler, quand nous ne sommes qu'apprentis et nous sommes pourtant les hommes de la même catégorie, de la même éducation. Donc cela ne peut venir que de l'avantage que leur procurent leurs outils, avec lesquels ils arrivent juste et droit, quand nous n'avons que notre génie et nos yeux pour atteindre cette même perfection de justesse, chose tellement difficultueuse, que les ouvriers capables sont rares. Je prouverai que l'état de cordonnier est un des plus beaux états, quand on sait travailler ; n'importe ce qu'en dise le public, qui le rabaisse jusqu'au dernier degré, sans le connaître, sans même pouvoir désigner un défaut dans un ouvrage qui en serait criblé, pas plus qu'apprécier un ouvrage perfectionné.

CHAPITRE VI.

*Du peu de connaissance que généralement on a du métier
de Cordonnier.*

En général, le public ne juge favorablement notre travail
que si son pied est dans la chaussure selon son désir. Si un
ouvrage devant lequel un connaisseur s'inclinerait, se trouve
long, court, large ou étroit pour la pratique, la faute du
maître rejaillit sur l'ouvrier, car elle n'hésite pas à dire : c'est
mal fait. Il est fâcheux pour ceux qui sont ouvriers de n'é-
prouver qu'une satisfaction personnelle, comme il est regrettable d'entendre complimenter des ouvrages inférieurs. Voici
ce qui vient à l'appui de ce que je dis :

Une dame me fait une commande et m'observe qu'elle ne
veut pas être gênée, ce qui ne m'empêche pas de voir qu'elle
aime à faire beau pied : je me tiens donc sur mes gardes ;
mais, voyant la difficulté qu'elle éprouvait en les essayant,
je pensais qu'elle les trouverait trop étroits ; je fus donc bien
surpris de lui entendre dire : ils sont trop larges ; mais j'ai
été froissé quand elle a ajouté : C'est de la savatte. Pardon,
madame, lui répondis-je d'une assez mauvaise humeur, vous
injuriez un ouvrier, qui n'est pour rien dans ce dont vous
vous plaignez ; j'ai cru devoir suivre votre observation en
vous mettant à l'aise ; vous les trouvez trop larges, laissez-
les-moi, c'est votre droit, mais vous n'avez pas celui de dé-
précier un ouvrage dont vous n'avez aucune connaissance.
Nos ouvriers, travaillant sur des moules, vous comprendrez
facilement que, si l'on a pris un grand au lieu d'un petit,
c'est que l'on s'est trompé, et la faute est à moi, mais cela
ne veut pas dire que l'ouvrage ne soit pas très-bien fait.
Permettez-moi de vous dire qu'une personne qui saurait se
chausser, les refuserait comme étant trop étroits ; car, si une
chaussure est trop juste, le pied force le quartier à lui faire

place, le soulier s'écule ; et, si le contre-fort résiste, les cors prennent naissance.

— Voulez-vous les recommencer ?

— Très-volontiers, madame.

Au bout de quelques jours, je lui rapporte les mêmes, et, après les avoir essayés, elle me dit .

A la bonne heure, voilà comme j'aime à être chaussée, ceux-ci sont charmants, les autres n'avaient pas la même grâce. Faites-m'en six autres paires, et que ce soit le même ouvrier qui les fasse, car il sont à la perfection.

Voici un autre exemple :

Un confectionneur de chaussons de tresse se trouvant en prison et dans la plus affreuse misère, s'imagina qu'il ferait bien des souliers, se dit cordonnier pour homme, et me fit demander que je voulusse bien venir à son secours en lui donnant à travailler. Je lui en envoyai une paire ; mais, pour vous faire comprendre ce qu'elle était, je les jetais au feu, quand la demoiselle de boutique les retira précipitamment, en me disant qu'il valait mieux les donner à un malheureux. Après les avoir débarbouillés, très-mal rafraîchis, bordés, cirés et livrés à la pratique, voilà dix francs, me dit-elle, des souliers que vous avez jetés au feu. Vous en ferez deux paires pareilles, le Monsieur vous recommandera à ses connaissances ; il s'est fait chausser très-longtemps dans les meilleures maisons de Paris, mais il n'a jamais eu de souliers *si bien faits*, mot à mot.

Ce serait une erreur de croire que ce récit me fit plaisir ; il me fit hausser les épaules et dire : Pauvres mauvais ouvriers, rendez grâces à Dieu, qui veut que l'ignorance du public sur le métier vous vienne en aide, et vous, public, conservez-en votre peu de connaissance, car, si vous teniez au bien fait, vous pourriez aller nu-pieds et bien peu d'ouvriers travailleraient.

CHAPITRE VII.

De l'Apprentissage.

C'est dans le siècle où les arts et métiers atteignent une aussi haute perfection, que nous, cordonniers-bottiers, restons dans l'inaction, ou plutôt dégénérons ; effet de la multiplication des bras, produite par la facilité avec laquelle on apprend le métier. Pour retirer l'état d'où il est tombé, il faudrait que l'on ne puisse pas faire d'apprentis sans être reconnu capable de démontrer avec principes. On verrait l'apprentissage considérablement diminuer, parce que les maîtres capables sont peu nombreux et se feraient payer : à cette condition, on y regarderait à deux fois pour faire un cordonnier ; au moins, les apprentis, en sortant d'apprentissage, gagneraient de quoi se suffire, et auraient la certitude de parvenir à savoir travailler, l'état finirait par se composer de bons ouvriers, ce qui serait aussi le moyen de faire tomber les basses façons, que l'on a cherché tant de fois et vainement à abattre. C'est alors que l'on verrait le métier se relever autant qu'il est bas tombé. En effet, n'est-il pas déplorable que la plus grande partie des maîtres qui font des apprentis soient apprentis eux-mêmes ? Il est vrai qu'ils ne se font pas payer, cause première qui fait qu'ils ont tant d'élèves, mais parce qu'ils leur montrent gratuitement ce que souvent ils ne savent pas eux-mêmes, ils croyent avoir le droit de leur dire : Balaye, berce l'enfant, lave la vaisselle, etc. Il est à souhaiter que l'on porte remède à ce grand mal, dont les suites sont si fâcheuses. Ce serait un acte de bienfaisance et de charité, car il en résulte que beaucoup renoncent le métier après l'apprentissage, ne pouvant pas manger le pain de leur travail ; les uns s'engagent, les autres tournent mal, et ceux qui persistent sont longtemps malheureux avant de pouvoir se suffire ; cela, parce qu'ils ont été mal démontrés et plus souvent occupés à la domesticité qu'à leur métier. Espérons qu'on mettra ordre à cet état de chose , qui n'est rien moins qu'un abus de confiance. Je dis abus de confiance, parce que les parents n'ayant aucune connaissance de l'état, l'ont pleine et entière dans les maîtres chez qui ils mettent leurs enfants. Qu'arrive-t-il, que ces pères et mères leur disent après l'apprentissage : Nous t'avons donné un métier, tu n'as pas voulu l'apprendre ; nous avons fait tout ce qu'il nous était possible de faire, tu n'y a pas répondu, tant pis pour toi : reproche injuste et non mérité, dont les maîtres sont responsables.

Si la proposition ci-dessus était mise à exécution , l'état de cordonnier-bottier, qui est le plus mal famé, deviendrait le plus beau des métiers. Espérons qu'un jour viendra où l'autorité compétente s'en occupant, mettra ordre à ce désordre, et alors nous aurons des ouvriers, car beaucoup n'y parviennent pas faute de n'être pas convenablement démontrés.

Il est fâcheux que le vice que je signale, non comme une nouvelle, existe dans notre beau métier de cordonnier, car, lorsqu'on sait travailler, c'est bien le meilleur, le plus agréable, le plus libre des états. Je dis le meilleur, parce qu'on n'éprouve pas de mortes saisons ; agréable, parce qu'on peut parcourir toutes les villes de France et de l'étranger avec la sécurité de trouver de l'ouvrage ; libre, parce qu'on peut remercier le maître pour qui l'on travaille quand bon semble, pour peu qu'on croie en avoir sujet ; libre enfin, parce qu'on peut prendre et quitter l'ouvrage à volonté, et parce que la journée ou la semaine n'a pas de fin obligée.

CHAPITRE VIII.

—

De la Théorie.

La théorie du métier serait d'une grande utilité aux maîtres qui font des apprentis ; je veux dire à ceux qui sont incapables de bien montrer, et serait profitable à ces derniers, qui, étant démontrés avec principes, parviendraient étonnemment plus vite ; mais il faut la faire, et je ne pense pas que ce soit possible.

A Paris, il faut de vingt à vingt-cinq ouvriers pour faire les principaux ouvrages du métier, dont de neuf à douze pour femme, de sept à neuf pour homme, de quatre à cinq pour enfant. Ces ouvriers ne peuvent pas faire une théorie plus que ceux de la province, parce que les uns font toujours la même chose, et que les autres varient trop souvent. Par cette raison, que les uns et les autres ne peuvent pas tout savoir faire avec principes, les vingt-cinq ouvriers dont je parle en feraient-ils chacun une de leur partie, puis les réuniraient-ils pour en adopter les meilleurs principes ; cela ne suffirait peut-être pas encore pour la faire complète, parce qu'il faut qu'une théorie traite généralement de tous les différents ouvrages dont l'état se compose et qu'ils sont à l'infini.

Un de mes collègues a fait un apprenti idéalement, et a appelé cet apprentissage la théorie du métier ; ce qu'il y a de certain, c'est qu'il ne l'a pas initié à ce qui suit :

Des obligations que l'apprenti doit à son maître ; de celles du maître envers son apprenti ; le nom de chaque outil ; celui de chaque pièce servant à la construction de l'ouvrage ; comment on doit se tenir sur sa chaise ; comme une soie se fend, comme elle s'adapte au fil ; comme un fil se fait, comme on l'emploie, comment on le conserve, ce qui lui est préjudiciable ; comment on se sert du marteau, des pinces, du tranchet, de l'alène, du bisègle, de l'astic, des fers, comment se mouille le cuir. Joindre, piquer, garnir, placer les ailettes, les tirans ; apprêter les talonnettes parer la trépointe, le contrefort ; le degré de sécheresse que doit avoir le cuir pour être battu et employé ; comment une semelle se bat ; comme chaque force et qualité de marchandise se travaille ; coller un contrefort de bottes ; comment il faut qu'une première d'homme soit affichée ; comment se montent les ouvrages d'hommes sur différents genres de formes ; comment il faut que les clous soient placés ; passer la trépointe, la rafraîchir ; remplir, brocher la semelle ; un talon haut ; le coudre, coudre à petits points et à faux points ; battre, lisser, apprêter à la déforme ; coucher sur le point ; redresser, débourrer, passer la pâte ; mettre le noir, le lever, astiquer, passer le fer, passer et lever la cire ; gratter, déformer ; donner à la botte ou au soulier la forme qu'il doit avoir pour être livré ; afficher la première d'un soulier en soulier ; afficher la première d'un escarpin ; brocher une semelle de chausson ou d'escarpin sur une forme droite, et comment on s'y prend pour qu'elles soient droites ; les apprêter à lisse forte, à petite lisse et sans lisse ; les apprêter pour faire les trous ; comment on s'y prend pour bien monter les chaussures sans être jointes, sur des formes à pied pendu et à bateau ; les coudre ; retourner, approprier la forme, renformer, faire le derrière, redresser à la corne ; lisser, débourrer, gratter, déformer ; comment se fait le derrière d'un chausson du premier âge ; enfin, les soies et les alènes convenables pour chaque genre d'ouvrage.

Voilà ce que peut me fournir ma mémoire, non compris ce que j'oublie et ce que je ne sais pas et qui doit être exactement expliqué dans une théorie. Je laisse à mes confrères qui voudraient entreprendre de la faire d'y suppléer, car elle ne doit pas avoir de lacune, tout doit y être détaillé et exactement expliqué, ce dont je me sens incapable. Je ne me propose donc pas d'en faire une, mais bien un raisonnement qui fera comprendre d'une manière facile comment il faut s'y prendre pour parvenir le plus promptement possible à savoir travailler, et qui mènera à la perfection, si, toutefois, on en est *capable*.

Aux ouvriers des grandes villes dont l'ouvrage n'est pas varié, et qui ne sont pas ouvriers, que leur manque-t-il, si ce n'est les principes qui donnent du goût, du raisonnement, sans lesquels il est impossible de surmonter les difficultés du métier. Dans les villes moins considérables, il faut qu'ils fassent de différents ouvrages ; dans un grand nombre d'autres, on ne connaît que deux ouvriers pour homme et deux pour femme ; savoir : les bottiers et les ouvriers pour souliers d'homme ; pour femme, les ouvriers pour la couleur et ceux pour le noir. Il y a encore une infinité de petites villes où il n'y a que l'ouvrier d'homme et celui de femme. Il faut que ceux-ci fassent, chacun dans leur partie, tout ce qui se présente et, comme il n'est guère possible que ces trois dernières catégories, qui font la masse des ouvriers, puissent convenablement faire tout ce qui les concerne‘ c'est à eux principalement que je me propose de venir en aide, c'est-à-dire à ceux qui approuveront mes principes et mes conseils et qui jugeront convenable de les mettre en pratique.

CHAPITRE IX.

—

Comment on doit se tenir sur sa chaise.

Il est aussi beau de bien se tenir en travaillant, qu'il est beau de bien se tenir sous les armes ou en dansant. Mais, grâce aux maîtres d'apprentissage, un grand nombre d'ouvriers n'ont pas de position stable à l'ouvrage : les uns travaillent les deux jambes étendues, les autres les genoux l'un sur l'autre, ou écartés ; celui-ci les jambes croisées et étendues, celui-là, les deux montants du derrière de sa chaise ne portant pas à terre ; d'autres, le corps ployé en deux, la tête sur l'ouvrage. Il est impossible de rester vingt minutes dans l'une de ces positions, et, lorsqu'ils en changent, c'est pour en prendre une plus ridicule. On conviendra qu'on ne peut avoir ni force ni adresse, qu'on travaille difficilement, et qu'on fatigue ainsi beaucoup.

On doit se tenir le corps presque droit, la tête légèrement penchée, les genoux ployés et se touchant, les jambes tombant perpendiculairement, les chevilles et les genoux se touchant presque continuellement, la cuisse, le genou, la jambe et le pied gauche ne doivent pas bouger. La jambe droite ne doit se séparer de la gauche qu'en montant, sans que le pied se dérange. Lorsqu'on coud, on peut allonger la jambe droite pour éviter que le fil ne s'accroche ; ce n'est que dans cette circonstance que le pied droit doit abandonner le gauche.

Adoptez ce maintien, vous aurez de l'aplomb, de la grâce, de l'adresse et de la force. Vous fatiguerez beaucoup moins, vous travaillerez avec beaucoup plus de facilité et de courage, ce qui vous aidera à devenir habile ouvrier.

CHAPITRE X.

Comment un Fil doit être fait.

Il n'y a peut être pas un apprenti qui, au bout de quelques mois d'apprentissage, ne croie savoir faire un fil, à plus forte raison quand il en sort, puisque ça été sa principale occupation. Qu'il se détrompe, et qu'il sache que beaucoup d'ouvriers ont passé leur vie dans le métier, sans s'être rendu compte des susceptibilités d'un fil, de ses conséquences, et de tout ce qui peut lui nuire; que, rien ne se fait moins bien et avec moins de principes et de raisonnement qu'un fil. Ils appellent savoir faire un fil, tirer des branches presque toujours trop longues, les mouiller trop ou pas assez, les retordre trop ou trop peu, qu'elles soient tendues ou non, le passer sous la chaise maintes fois, le faisant aller et venir avec vitesse, le cirer avec un crasson ou de la poix trop grasse ou trop maigre. Si elle est trop maigre, ils y passent du suif, sans se douter que tout cela lui ôte de sa force.

Quant aux soies, ils les mettent comme elles se présentent et sans être poncées, si ce n'est quelquefois coupées avec les ciseaux. C'est ainsi que les fils se font le plus communément, et, s'il y en a qui évitent quelques-uns de ces défauts, il n'est pas moins vrai qu'il n'est pas dû aux jeunes ouvriers sortant d'apprentissage, de savoir ce que c'est qu'un fil dans toute l'acception du mot, quand beaucoup qui ont vieilli dans le métier ne s'en sont jamais rendu compte.

Pour bien faire un fil, il ne faut pas, lorsqu'on le tire, presser les branches dans ses doigts, si l'on veut éviter que des brins de filasse n'étant pas assez retords se forment en bourgeons. Il faut que les branches soient bien tendues, celles qui ne le sont pas ne comptent pas au fil. Effiler les pointes, de manière à ce qu'elles passent bien, et qu'il ne soit pas susceptible de casser; le mouiller légèrement, le retordre ni trop ni trop peu, le passer sous la chaise une fois seulement, aussi fort qu'il puisse être ; s'il est par trop mince, on le passe dans la corne de son tablier. Lorsqu'on l'a passé, il ne faut pas qu'il se retorde ; qu'il soit légèrement humide, afin qu'il se cire bien ; que la poix ne soit ni trop grasse ni trop maigre, selon la saison ; que les soies soient bien poncées ; mettre celles qui conviennent à l'étoffe qu'on a à coudre. Si une soie est trop grosse, trop mince, qu'elle se fende, se dessoie ou qu'elle casse, il ne faut pas hésiter à la remplacer aussitôt. Les fils les plus longs ne doivent avoir que 2 mètres 60 centimètres. Il faut faire deux fils pour faire une couture, mais n'en faire jamais un seul pour en faire trois. Il ne faut pas craindre de faire des fils, on ne peut mieux employer son temps. On en fera deux petits dans moins de temps qu'il n'en faut pour en faire un grand, on coudra bien plus vite, et la couture sera bien meilleure. Un fil qui est trop long a bien des inconvénients : premièrement, d'être trop long à tirer, de s'emmêler, de se nouer, de s'accrocher partout ; les pointes cassent et on perd du temps pour les refaire ; il est tiré si souvent, qu'il finit par ne rien valoir. Il faut le cirer au moins tous les vingts points ; il coulera mieux, le point se fermera plus facilement, la couture sera meilleure.

Il est préférable de ne pas faire ses fils d'avance, mais mieux vaut les faire que de ne rien faire ; seulement, il faut bien observer que des fils faits d'avance, cirés ou non cirés, ne doivent pas rester à l'air, il faut les mettre dans un linge. Lorsqu'on est pour en employer un qui n'est pas ciré, on le mouille, on le passe une ou deux fois dans la main et on le cire. S'il est ciré, on le mouille de même, on le passe dans les mains, on le cire de nouveau, et l'un et l'autre auront la même force que s'ils étaient fraîchement faits. Lorsqu'on emploie des bouts de fils, il faut les mouiller, les passer dans la main jusqu'à ce que la poix soit réchauffée, puis les cirer. Ils seront bons comme un fil nouvellement fait. Les ouvriers qui passent le fil sous la chaise dans le but de l'amincir, ne savent pas qu'il serait préférable de mettre en moins une branche et même deux, qu'un fil ne se passe sous la chaise que pour l'unir, qu'une seule fois suffit et que plus le brûle. Si vous en doutez, faites cette épreuve; mettez-le dans la main, serrez-le bien, tirez-le vite, et vous vous brûlerez. De même, c'est lui qui se brûle en le faisant aller et venir sous la chaise. Evitez qu'il s'introduise un corps étranger dans la poix, qui, de quelque nature qu'il puisse être, le brûle et le coupe; il faut avoir de la poix un soin particulier, la mettre continuellement sur un morceau de peau et la fermer quand on ne s'en sert pas, la renouveler quand un boulet est au trois quarts usé, la visiter avant et après s'en être servi.

CHAPITRE XI.

Observations sur ce qui peut affaiblir un Fil.

Un fil s'affaiblit s'il est trop ou pas assez retord, si les branches ne sont pas bien tendues, s'il est trop ou pas assez mouillé, s'il est passé plus d'une fois sous la chaise, s'il est poissé avec de la poix trop grasse ou trop maigre, s'il est ciré avec un crasson, si la poix est malpropre, s'il est trop long, si, en cousant, on tire les branches l'une après l'autre, si on ne le cire pas quand il en a besoin, s'il est employé à l'air ou au froid, si la couture commencée n'est pas continuée, si on coud trop lentement, si une semelle est trop mouillée, si on sue des mains ; mais, ce qui lui est le plus préjudiciable, c'est l'air, la chaise, la poix et les mains ; l'air le sèche, la poix malpropre, le crasson et la chaise le brûlent, les mains le pourrissent.

D'après ces observations, je crois avoir démontré que, quand les fils sont mauvais, cela ne provient pas de la filasse, mais bien de ceux qui les font ou qui les emploient.

CHAPITRE XII.

Des principaux Outils.

On doit faire en sorte que le tranchet coupe bien et que l'alène pique bien. Plus un tranchet coupe, moins on est sujet à couper l'empeigne ou le quartier, et, s'il ne coupe pas, rien n'entraîne davantage au découragement. Quand on se sert de cet outil, il faut le tenir fortement dans la main, mais savoir s'en servir est une question de pratique. On le saura quand on saura parer, afficher, brocher, redresser, et que, d'un seul coup, on aura ôté ce qu'il faut, sans en ôter plus. Quand on a une bonne alène, le moyen de la conserver est de maintenir fortement la forme avec le tire-pied, ne pas lui faire faire plus que sa force ne le permet. Quand on fait des trous, ou que l'on coud, la tenir ferme, ne tourner le poignet ni en dedans ni en dehors, et penser continuellement qu'on s'en sert.

Ne mettez pas la main où elle sort; il arrive souvent qu'elle ou le point casse, que la pointe ou le tronçon entre dans la main. Ces piqûres étant dangereuses, il faut les éviter.

Quand on casse une bonne alène, c'est une perte plus grande qu'on ne saurait s'en douter; cela décourage, et souvent on est longtemps à la remplacer. Ceux qui s'en servent aussitôt qu'elles sont emmanchées, et qui les font piquer à la force du poignet, ne savent pas ce que c'est qu'une alène. On doit casser le bout, puis le limer et le polir comme une aiguille.

Une alène à talons doit couper du bout; une à coudre de la laine, doit être arrondie et un peu coupante, et une à coudre de la peau, des étoffes de fil ou de soie, doit être effilée comme celles à joindre. On doit adopter des alènes d'un cambre ordinaire pour passer les premières, coudre les escarpins ou les chaussons, car il y a une grande différence entre se servir de celles qui sont par trop droites ou de celles qui sont par trop cambrées. Il faudrait baisser le poignet en se servant des unes, et le lever en se servant des autres. Si on le levait en perçant avec celle qui est droite, on irait chercher l'empeigne trop avant, et il serait impossible, même avec le secours de la manique, de lui faire faire jonction avec la semelle ; si on le baissait en se servant de celle qui est cambrée, elle sortirait trop en dessous, le point simplement posé, se trouverait fermé, ce qui donnerait une largeur en plus à la chaussure. Je ne parle que des coutures ci-dessus, sachant bien qu'on ne peut pas coudre un talon haut avec une alène trop cambrée, et que, pour coudre une semelle, il arrive qu'on se sert de l'une et de l'autre, de la droite pour coudre le talon haut, et de la cambrée pour coudre la cambrure d'un ouvrage en soulier si elle est étroite, afin qu'elle puisse sortir dans la gravure.

Le marteau et les pinces sont deux outils dont tous les ouvriers croient savoir se servir ; erreur, car je ne crains pas de dire que ce sont ceux dont on se sert généralement le moins bien ; que, battre et monter, sont les parties les plus délicates, les plus difficultueuses du métier ; qu'il n'appartient qu'à un bon ouvrier de savoir les manier. Il ne suffit pas de donner des coups de marteau, des coups de pinces, il faut qu'ils soient donnés avec principes, c'est-à-dire avec modération, précision, raisonnement.

Le marteau, entre les mains de beaucoup d'ouvriers, détériore la bonté du cuir, coupe les semelles et brise les points. Un coup de pinces mal donné, déchire une empeigne, brise un quartier et désorganise tout un monté. Ce qui ne laisse de cela aucun doute, c'est qu'on ne verra pas beaucoup d'ouvrages qui ne renferment pas un de ces défauts. Je dis que les outils les plus favorables ou les plus préjudiciables à l'ouvrage sont les pinces et le marteau, entre les mains de ceux qui savent ou qui ne savent pas s'en servir, et quand on le sait on se place au rang des ouvriers.

Du marteau à l'astic, la différence que je fais est très-grande, quoique tous deux servent à l'affermissement des semelles ; cette différence consiste en ce que le marteau amuse l'ouvrier et que l'astic le fatigue, qu'il ne faut que du courage pour bien se servir de l'astic, mais du savoir faire pour se servir du marteau. L'astic est le complément du marteau ; il vient en aide aux semelles détériorées par lui, et je crois qu'il est l'outil qui rend le plus de service au cuir, car, s'il était possible de se figurer le dégât que fait souvent le marteau, les maîtres défendraient qu'on s'en servit ou donneraient les semelles toutes battues, excepté ceux qui n'occupent que de bons ouvriers. Passé cette exception, pas de marteau, mais bien l'astic, qui, par sa douce chaleur et sa pression, sèche et raffermit les semelles, sans pouvoir leur porter préjudice.

Il faut que le bisègle soit fortement tenu dans la main, et que la marge dont on se sert soit plus forte que la lisse, le poser d'aplomb en penchant faiblement le poignet en dedans, lisser avec vitesse et fermeté, afin de sécher promptement la lisse et en obtenir le poli. Si le cuir est vert ou creux, on y passe légérement du suif.

Le machinoir sert à faire passer les plis, à isoler la semelle de l'empeigne et du quartier, dans un escarpin ou dans un chausson retourné. Il ne doit porter que faiblement sur la couture, on le fait glisser en l'appuyant fortement autour de l'empeigne pour faire disparaître la marque des points, puis on le passe fortement sur le bord de la semelle, pour qu'elle revienne coller au long du dessus. Il sert à unir les semelles cambrées, à relever le contrefort d'un petit chausson, à passer entre la trépointe et l'avant-pied, etc.

CHAPITRE XIII.

—

Des Fers.

On se sert des fers comme on se sert des bisègles ; les tenant fortement dans la main, les faisant aller et venir très-droit en appuyant de toutes ses forces.

D'abord on les passe à froid sur la pâte pour bien imprimer la lisse ; mais lorsqu'on donne la dernière façon à la déforme, c'est-à-dire après avoir levé le noir, il faut que le degré de chaleur des fers soit selon la condition dans laquelle se trouve le cuir ; car, si le fer est trop chaud, il brûlera ou sèchera la superficie de la lisse et on n'obtiendra aucun résultat satisfaisant. Si le cuir est trop humide et que le fer n'ait pas la chaleur suffisante, on sera longtemps et dans l'incertitude de réussir.

Les ouvriers qui ne savent pas se servir des fers ne les connaissent pas non plus. Ils s'en servent tels qu'ils sont quand ils les achètent, sans savoir qu'il faut que la languette de ceux à coulisses ne passe pas les points, et sans prévoir qu'elle peut être beaucoup trop longue. Par ce peu de connaissances, les malheurs sont inévitables, principalement dans les ouvrages à lisse collée : ils peuvent brûler l'empeigne et fatiguer la trépointe.

Pour éviter ces accidents, s'il était possible, il faudrait passer un machinoir mince entre l'empeigne et la trépointe, afin de les isoler ; mais, pour plus grande sécurité et pour l'instruction de ceux qui s'en servent, je les engage à faire voir leurs fers et à les faire retoucher par des ouvriers capables, car les fers ne sont pas des outils inoffensifs comme ceux en bois, qu'on échauffe à la force du poignet, ils peuvent devenir dangereux. Les fers se chauffent à l'esprit de vin, pour éviter qu'ils ne noircissent.

Apprécier, juger, bien connaître le degré de chaleur que

doivent avoir les fers, dans toutes les conditions dont la déforme est susceptible, est une étude, un savoir qui n'appartient qu'à l'ouvrier qui a du goût et la pratique du maniment de ses outils.

CHAPITRE XIV.

Pour bien finir il faut bien commencer.

Un grand nombre d'ouvriers travaillent beaucoup et font peu d'ouvrage; ce sont ceux qui ne savent ni le commencer ni le finir; qui, lorsqu'ils se servent d'un outil, ne savent pas quand il a fini de fonctionner, qui passent plus de temps à tourner et retourner leur botte ou leur soulier dans leurs mains qu'ils n'en passent à travailler en réalité. A chaque coup de tranchet qu'ils donnent, ils regardent si leur semelle est droite et regardent pour ne rien voir; ils en ôtent souvent où il en manque et laissent ce qu'il faudrait ôter. Ils engendrent des défauts dans le cours de l'ouvrage, et, en voulant les corriger, ils passent beaucoup de temps et finissent par tout gâter. C'est ainsi qu'en travaillant le temps passe, mais que l'ouvrage ne se fait pas.

Dans l'état de cordonnier, pour bien finir il faut bien commencer; or, pour bien commencer, on doit d'abord prendre connaissance de la force et de la qualité de son cuir, afin d'apprécier le temps que chaque morceau demande à rester dans l'eau, et veiller à ce qu'il en soit retiré à mesure qu'on juge qu'il est assez mouillé. Disposer les fournitures de peau pendant que le cuir prend l'eau; parer les contreforts, les trépointes, apprêter les sous-bouts, les bons bouts, les cambrures, coller les contreforts; joindre, piquer, garnir, afficher les premières, battre les semelles et tout ce qui doit l'être.

Une première doit être tirée et battue, si elle est forte ou creuse; si on travaille sur une forme droite, on coupera le trop large comme pour en faire une trépointe ou un couche point. Pour la finir d'afficher, il faut la parer tout autour, afin de n'avoir qu'une faible épaisseur qui donne l'avantage de ménager la forme et le tranchet; la couper juste à la largeur de la forme sans s'occuper si elle est droite ou non, on la décloue et on prend le billot pour couper l'autre dessus parfaitement égale, en mettant la fleur sur la chair de celle qui ne l'est pas. Lorsqu'elles sont coupées on les décloue et on les met fleur sur fleur, en se guidant sur le milieu du bout, comme aussi le derrière du talon qu'on marque. On trace avec la lame le trop large, car il est rare qu'elles se trouvent parfaitement égales. On les retourne ensemble, ayant soin que les marques du bout et du talon s'accordent; on trace comme à la précédente ; on détruit à l'une et à l'autre ce qu'on a marqué, et après cela, elles doivent être tellement droites, qu'on puisse s'apercevoir du plus petit défaut que la forme peut avoir (on fait cette même épreuve aux semelles d'escarpins ou de chaussons, de sorte qu'en redressant on a qu'à faire couler la corne autour). La première étant droite, la couture tracée droit, on doit coudre droit. On rafraîchit la trépointe en se guidant sur les points, on broche la semelle en se guidant sur la trépointe ; en redressant, on n'en ôte pas plus à un endroit qu'à un autre, et le tout est droit, la première, la couture, la trépointe, la semelle brochée et redressée. Par ce moyen, on parviendra à travailler droit et vite.

CHAPITRE XV.

—

Du Monté.

Le monté est la plus belle partie de la confection, la plus variée et la plus difficultueuse. C'est du monté que dépendent la grâce et la beauté de la chaussure; c'est le point principal, sans lequel elle ne peut avoir aucun mérite. On peut démontrer à monter, mais il serait téméraire d'entreprendre de l'expliquer théoriquement, si l'on voulait entrer dans les détails que demanderaient chaque genre d'ouvrages joints ou non joints; formes ordinaires, formes à pieds pendus, formes dites à bateau; on entrerait dans un labyrinthe dont il me semblerait difficile de sortir. Je ne l'entreprendrai pas, je le laisse à de plus habiles que moi; je vais seulement me permettre de donner quelques notions du monté joint et pas joint, le plus ordinaire, et qu'on pratique assez rarement avec principes. Je dis le plus ordinaire, parce qu'il y en a qui demandent des moyens ingénieux et pour lesquels il faut avoir une grande connaissance de cette partie du métier.

Une botte ou un soulier bien monté n'a pas encore toute sa grâce ; il faut pour cela que les dessus soient disposés à cet effet, c'est-à-dire bien joints, bien piqués, bien garnis; que le plus beau du quartier et de l'empeigne se trouve ensemble et en dehors de la forme ; que la talonnette soit un peu plus large que la première, afin qu'étant bien parée, bien collée, elle semble ne faire qu'un avec le quartier. Mais ce qu'on doit le plus spécialement observer, c'est de bien placer les ailettes, car rien ne dépare plus un ouvrage que des ailettes trop hautes, trop basses, trop courtes ou trop longues. Pour s'assurer de bien les placer, on fait le simulacre de monter et on détruit ce que l'empeigne a de trop.

Toutes les chaussures jointes se montent de la même manière. S'il n'y a pas de piqûre derrière, on met le contrefort au moment de monter ; il doit être presque sec pour qu'il colle bien et ne tache pas la doublure ; on le faufile afin de s'en rendre maître. La force et la qualité des dessus qu'on emploie doivent être appréciées par l'ouvrier et traitées par les pinces, selon ce qu'elles sont ; pour monter on place, trop communément, le derrière tel qu'il doit être pour être cousu, puis on tire le bout de l'empeigne ou de l'avant-pied en faisant faire le lévier aux pinces. Il en arrive quelquefois que le bout casse ou déchire, et, résisterait-il, que ce serait également mal monté. Les ouvriers qui s'y prennent ainsi ne peuvent pas même faire sortir le prêtant de l'avant-pied, ou, en supposant qu'ils le fassent sortir, ils devraient comprendre qu'un avant-pied, tant fort qu'il soit, et, à plus forte raison, s'il est mince, ne peut pas tendre suffisamment le derrière d'une botte ou de tout autre chaussure renfermant un contre-fort sec et fort. Il va donc sans dire que le derrière doit monter, le devant étant monté lui-même, puisqu'il est impossible que l'empeigne puisse le monter.

Quand on monte, on laisse le derrière environ un centimètre plus court que la forme ; on arrête le bout avec trois clous, qu'on plante sur un morceau de vache un peu mouillé, afin qu'il ne déchire pas ; puis, avec le relève-quartier, on relève le contrefort, qui doit l'être avec force. S'il y a par trop de prêtant, on doit recommencer jusqu'à ce que l'on sente une forte résistance en le relevant. Lorsqu'il est en place, on donne le premier coup de pinces de chaque côté du bout, en tirant avec force sur le bas du coude pied, comme si l'on voulait en faire sortir le prêtant. Ces deux coups de pinces étant bien donnés, la botte ou le soulier doit être considéré comme monté. Le dessus doit porter partout et être tendu au long de la première comme sur la forme. Les autres coups de pinces se donnent de droite à gauche, bien en face les uns des autres. Les clous doivent se faire face et être à la même distance du bord de la première. Lorsqu'on est arrivé à la dépendance de la cambrure, il ne faut plus se servir de pinces, c'est avec le pouce de la main gauche qu'on doit faire porter l'avant-pied ou le quartier, ce qui est très-facile si les bottes ou les souliers sont bien coupés, mais s'ils brident du bas et que l'on soit forcé de s'en servir, ou que l'on s'en serve par manque de savoir, on verra lorsque l'ouvrage sera hors de la forme, que le monté sera gêné et qu'il se formera peut-être une poche ou une grimace en cambrure.

Comme il peut arriver que l'on n'ait pas assez de clous du même calibre pour monter, on doit mettre les plus grands du côté où l'on commence la couture, d'abord pour éviter que le fil ne s'accroche, pour la régularité du monté, et pour montrer qu'on a du goût à ce que l'on fait.

CHAPITRE XVI.

Du Monté sans être joint.

On pourrait dire que les chaussures qui ne sont pas jointes, se montent à l'inverse de celles qui le sont, puisque ces
dernières se montent en longueur, et que le travail des premières s'effectue en cambrure, qui est le milieu de la forme.
Le quartier, la doublure et le contrefort, s'il est en peau, se
montent ensemble. Les quatre coups de pinces qui doivent
le monter doivent être donnés en tirant sur le milieu de la
hauteur du derrière et avec précision, afin qu'il ne soit gêné
ni d'un côté ni de l'autre. Un quartier d'étoffe se monte de
la même manière ; il sera bien monté si les fils sont droits en
tous sens.

Pour monter l'empeigne, on cloue le bout, on la pose bien
droite sur la forme, et on la maintient de manière à ce qu'elle
ne se dérange pas. Lorsqu'on donne les coups de pinces en
queue, il ne faut pas tirer du bas, ni non plus sur le haut du
coude-pied, cette manière de s'y prendre met dans l'impos-
sibilité de pouvoir bien monter. En tirant du bas, l'empeigne
ne portera pas du haut, et en tirant du haut elle ne sera pas
tendue du bas. Il faut donner ses coups de pinces en tirant
sur le dessus du milieu de l'empeigne, et, s'ils sont bien donnés, on verra obéir tout le côté qui le reçoit comme dans les
chaussures jointes, l'empeigne portera parfaitement sur la
forme et au long de la semelle. Un escarpin d'étoffe se
monte dans les mêmes dispositions, quoique se montant avec
les doigts, mais il faut observer que les fils soient aussi droits
qu'avant que l'étoffe ne soit employee ; quoique un peu pen-
chés d'un côté et de l'autre, qu'ils soient parfaitement en face
les uns des autres, et il doit en être de même de la toile.
Lorsque l'empeigne est montée, on met l'ailette à cheval au
bout, elle doit se prolonger jusqu'au quartier. Quand la cou-

ture est faite, on retourne l'empeigne de toile, l'ailette se trouve à découvert et on la coupe au bout près des points, en la laissant imperceptiblement plus large de chaque côté. Il suffit de bien savoir monter une empeigne de toile pour bien en monter une de satin ou de toute autre étoffe, mais il faut savoir la monter. Pour bien monter un soulier en soulier, si le contrefort est en vache, il faut que toutes les pièces soient employées les unes après les autres. Quant à un escarpin, dont le contrefort est en vache, il serait mieux de le mettre en reformant s'il ne donnait pas un talon trop long, mais en le mettant en montant on doit le faufiler après avoir cousu, et, lorsque le devant est renformé, on retourne la doublure et on la pâte. Quand tout est relevé sur la forme, on rabat le quartier et l'on colle.

Sachez bien que dans toutes chaussures montées, qu'elles soient jointes ou non, en peau ou en étoffe, il faut que l'empeigne et la doublure portent au long de la semelle comme sur la forme; que la plus petite apparence de tuyaux entre les clous détruirait la grâce qu'un ouvrage bien monté doit avoir; que, s'ils étaient sensibles, l'empeigne grimacerait au long de la lisse et n'aurait aucun maintien.

On connaît que toute espèce d'ouvrage est bien monté, en cambrant légèrement la chaussure sortant de la forme. Si elle n'est pas jointe, l'empeigne se plisse et reste plissée; dans une qui est jointe, si le derrière et le devant obéissent ensemble, que l'empeigne ou l'avant-pied restent plissés, ils seront bien montés, et, si le cuir est bien employé, ils resteront dans la même position.

CHAPITRE XVII.

Comment se fait un petit Chausson du premier âge.

Il ne faut pas passer sous silence le monté d'un petit chausson, qui est plus difficile que tout autre. Le devant est le même que les grands qui ne sont pas joints, mais le derrière est un petit ouvrage tout-à-fait spécial. D'abord, il faut que le contrefort soit parfaitement bien paré et battu, pour qu'il soit ferme et pour en diminuer l'épaisseur ; le gratter du côté de la fleur, pour qu'il colle mieux, à moins que l'ouvrage soit en étoffe. Dans ce cas, on ne le gratte pas, parce qu'on ne le colle que du côté de la chair, que l'on a soin de mettre sur la doublure.

. Lorsqu'on broche la semelle, il faut la laisser au moins de deux millimètres plus large que la forme de chaque côté du talon et de trois sur le derrière, pour suppléer à l'épaisseur du contrefort. La couture doit être tracée de la largeur que la semelle a de plus que la forme.

Lorsqu'on est pour monter, on faufile le contrefort à grands points et pas serrés, seulement pour le maintenir. Il faut qu'il ne soit ni sec, ni mouillé ni collé. On fait sortir le prétant de la doublure, c'est-à-dire qu'on la monte ferme, sans toucher au quartier ni même au contrefort, parce qu'étant retourné, la doublure se trouvant dans l'intérieur parcourt un petit espace, et, si elle n'était pas montée, elle plisserait, comme aussi le quartier se trouvant à l'intérieur, il serait impossible de le relever au-dessus de la doublure et du contrefort s'il était monté ferme. Lorsqu'il est cousu, retourné, le devant renformé, on reléve la doublure, le contrefort et le quartier l'un après l'autre sans rien coller. On plante un clou, on donne quelques légers coups de marteau derrière, afin que la semelle porte sur la forme, on prend la doublure et le quartier tout ensemble avec les pinces, on le relève de nouveau, on remet le clou, puis on astique à l'eau, on rabat le quartier comme on l'a relevé. Quand on est pour renformer on lisse la forme, la première blanche doit être pâtée légèrement, afin d'en conserver la blancheur. Lorsque le devant est renformé, on relève la doublure, on pâte le contrefort, on le renverse dessus, et, au moyen du machinoir, que l'on passe autour en appuyant avec force du bas en haut, il se trouve parfaitement relevé ; on pâte, on relève le quartier, qui doit l'être très-bien aussi ; si les pinces sont insuffisantes, on a encore recours au machinoir, dont on se sert comme pour le contrefort ; lorsqu'il est relevé, on met un clou derrière et deux de chaque côté du quartier.

Astiquez, redressez, lissez, grattez, déformez, si tout cela est bien fait, on verra un petit ouvrage charmant et plus difficile à bien faire qu'un grand.

CHAPITRE XVIII.

—

Comment se font les ouvrages sans lisses.

Les chaussons en peau sans lisses, ne se font pas comme ceux de satin ou de tout autre étoffe. Seulement, les coutures des uns et des autres doivent être très-droites et régulièrement fermées. Pour les derniers, on emploie de la vache mince et de première qualité, parce que la couture se faisant à fleur du bord des semelles, de la marchandise inférieure ferait mauvais effet. Ce genre d'ouvrage est terminé étant renformé pour tout de bon, lissé et gratté. — Mais il n'en est pas de même des premiers : ils sont un peu plus ouvragés ; il leur faut des semelles un peu fortes, les afficher comme si on voulait faire des chaussons ordinaires. Lorsqu'elles ont le genre qu'on veut leur donner, en observant toutefois que la couture en fasse la largeur réelle, on les pare à moitié de l'épaisseur, et on trace comme si on voulait faire une lisse, mais pas au moyen d'une gravure, on ne ferait rien de bon, mais bien avec le bout du tranchet, comme il est indiqué page 61, septième observation.

Quand on en est à la déforme, on enlève avec le tranchet ce qui pourrait faire une lisse ; avec la râpe on détruit imperceptiblement l'épaisseur de la semelle, jusqu'à la hauteur des points, ce qui doit former une pente presque invisible, qu'on polit ensuite avec la lime, parce qu'elle ne doit faire qu'un avec le quartier. — Cela fait, on y passe de la pâte et on astique.

On noircit ou l'on gratte la semelle ; si on la gratte, il ne faut pas gratter sur la couture, parce qu'il faut qu'elle ressorte exactement telle qu'elle est faite.

Ces ouvrages exigent d'être bien garnis, bien piqués, bien joints, bien renformés et bien déformés.

CHAPITRE XIX.

—

De ce qui s'oppose à ce que l'on puisse bien monter.

Trop peu d'ouvriers font attention à ce que les dessus sont coupés dans leur sens et c'est ce qu'ils devraient faire, par la raison que les maîtres qui n'ont aucune connaissance de la coupe, posent leur patron de manière à éviter les défauts et cherchent à couper économiquement, sans s'occuper s'ils sont dans le sens de la peau ou non. Un dessus le sera, et l'autre ne le sera pas ; l'ouvrier qui ne sait pas conduire son ouvrage monte d'abord le premier venu de ses dessus, et, en montant le second, ne s'occupe aucunement du premier fait. Il en résulte inévitablement que l'un des deux est sensiblement plus découvert. Si le maître en fait l'observation, il lui est répondu que l'un a prêté plus que l'autre. Mauvaise excuse, par la raison qu'un ouvrier doit savoir, avant de monter, si ses dessus sont susceptibles de prêter plus l'un que l'autre.

Dans ce cas, il doit monter en premier celui qu'il jugera devoir prêter le moins et le monter ferme en longueur. Quant au second, il aura seulement à s'occuper qu'il soit de la même couverture que le premier, devrait-il le monter avec les doigts ; et, s'il lui est fait le reproche que l'un est monté plus ferme que l'autre, il répondra qu'ils sont de la même même hauteur. Ce sera dire que c'est la faute du maître, et il devra le reconnaître, car, règle générale, l'ouvrier doit s'occuper de mettre ses empeignes d'égale couverture.

CHAPITRE XX.

—

Du Renformage.

Presque généralement, lorsque les ouvriers renforment, ils tirent la toile à peine la forme est-elle dans la chaussure. Ils croyent, par ce moyen, éviter les plis et ils les provoquent, parce qu'en la tirant avant que la forme ne soit bien au bout, ils la déplacent, la rétrécissent, et il s'en suit que les plis sont inévitables et ineffaçables ; il arrive que la forme ne peut pas aller au bout de l'empeigne ; il faudrait, pour qu'elle y allât, que la toile prêtât en longueur et elle ne prête pas ; donc il faut que les hausses et les formes soient en place avant de tirer la toile, pour moins multiplier les plis et même les éviter.

Un ouvrage bien coupé ne produit son effet qu'étant bien monté ; de même, un escarpin bien monté ne produit son effet qu'étant bien renformé, car c'est la partie la plus ingénieuse des ouvrages retournés ; il faut savoir prévoir tout ce qui peut le faciliter, se rendre compte de la force de la semelle, de la lisse, de l'empeigne et de la première, afin de reconnaître si on doit ou non toucher à la garniture de la forme, et, s'il faut y toucher, apprécier de ce dont il faut la diminuer ou l'augmenter.

Ceux que ces observations pourraient étonner, sauront que si l'empeigne et la lisse étaient fortes, la première mince, et qu'on n'ait pas ôté une hausse de la force d'un demi centimètre et même d'un centimètre, si la première ne se composait que d'une semelle blanche et d'une rondeur, on renformerait trop facilement, la doublure plisserait, l'empeigne ne porterait pas sur la forme, et que la semelle étant battue et lissée, la chaussure serait beaucoup plus large que la mesure ; comme aussi, si la première est forte, la semelle et la lisse minces, les dessus n'ayant pas de prêtant, et qu'on n'a-

joute pas une petite hausse en montant, on renformera difficilement, la forme pourra ne pas aller jusqu'au bout, et,
n'y allant pas, la première paraîtra trop courte ; en la tirant,
si elle ne prête pas, elle quittera le bout, si elle prête elle sé
rétrécira et les points de la semelle pourront se trouver à
découvert, on relevera difficilement le quartier, il sera gêné,
et le soulier ou la bottine sera plus long de ce qu'il s'en man-
quera que la forme soit au bout.

Si les dessus sont en peau grasse, il faut essuyer la forme
avant que de renformer pour semblant, et la lisser quand on
renforme pour tout de bon. Si les premières blanches sont
minces, il ne faut mettre de la pâte que très-légèrement sur
celles en vache, afin d'éviter qu'elle ne traverse et noircisse.
Avant que de renformer, il faut que la cambrure, la première et la semelle soient presque sèches ; la première en vache doit être parée mince, de la largeur de la couture, et
doit couvrir les points juste, celle en peau blanche doit être
un peu plus large sur le devant, mais beaucoup plus en cambrure ; on enlève un copeau à la première sans le détacher,
on greffe la cambrure dedans, de sorte qu'étant pâtée, elle
ne puisse pas bouger. Lorsqu'on renforme, on met les hausses juste à leur place ; avec les mains et à l'aide de l'esto-
mac, on fait entrer la forme le plus avant possible, on l'a-
chève avec le frappe-d'abord. Il peut arriver qu'il faille donner un coup de pinces aux hausses, pour que l'empeigne soit
bien remontée, mais ne pas en donner à la semelle ni à la
première, il faut qu'elle arrive naturellement à la portée,
que la forme soit bien au bout, que le quartier se relève facilement. Après avoir mis un clou derrière, on donne un
coup d'astic en cambrure, afin de faire porter la semelle sur
la première, on cloue le quartier ; les clous, à la hauteur du
talon, doivent être plantés bien en face les derniers points de
la semelle, puis il faut fortement astiquer, après quoi la bot
tine ou le soulier do être bien renformé.

Quand on ne sait pas bien monter et bien renformer, des

plis à la toile sont inévitables, ce qui est bien préjudiciable
à ce genre d'ouvrage : les ouvriers, pour les faire disparaître, les enfouissent sous la première, dont la marche les fait
sortir ; il en résulte que le dessus supporte le poids du corps
et que la chaussure se déforme. Quand on fait des chaussons
à lisses fortes, il faut ôter une hausse. Si la forme n'en a pas,
et que le maître ne recommande pas d'en mettre une, c'est
un oubli ou une faute que l'ouvrier doit réparer. Les hausses que l'on retire en montant se remettent en renformant,
de même que celles que l'on ajoute se retirent.

CHAPITRE XXI.

—

Comment on s'y prend pour retirer les formes.

Pour retirer les formes des souliers joints, les ouvriers ont ordinairement la mauvaise habitude de descendre les quartiers avec les ongles à l'aide du machinoir. Il s'en suit que, non compris leur peine, ils les déforment, les démontent, les plissent, brisent les contreforts et cassent les cambrures. D'autres, plus adroits, prennent le quartier et l'empeigne à pleines mains et les retirent au moyen du tire-pied. Ceux-ci ne peuvent que casser les cambrures.

Pour éviter tous ces dégâts, on se sert du crochet, on l'introduit dans le trou que doit avoir la forme; de la main gauche, on prend le talon et la cambrure qu'on maintient fortement, pendant que de la droite on tire le crochet de toutes ses forces s'il y a lieu, ce qui s'appelle les retirer à la force du poignet. S'il arrivait qu'elles n'aient ni coins ni hausses, on fendrait le dessus des souliers de femme un peu moins que la couverture qu'ils doivent avoir; mais il faut faire en sorte, pour en faciliter la sortie, que les premières ne soient pas clouées par les chevilles, comme cela arrive si fréquemment, que les formes soient bien lisses, et que les contreforts soient employés de manière à ne laisser aucune humidité à la doublure. En s'y prenant de cette manière, on sortira les formes des chaussures jointes sans endommagement.

———

CHAPITRE XXII.

Des Formes.

De tous les genres de formes que j'ai connus, il n'y en a que deux qui aient survécu aux caprices de la mode, celles à pieds-pendus et celles à bateau, entièrement opposées en tout.

Celles à pieds-pendus sont ordinairement étroites et bien faites : ce sont celles sur lesquelles on monte le plus facilement ; ce sont les moules de la chaussure la plus gracieuse et la plus légère. Si on ne se sert pas de ces formes aussi fréquemment qu'il fut un temps, ce n'est pas manque d'ouvriers, mais peut-être bien d'ouvrières capables, parce qu'il faut être bordeuse perfectionnée pour bien arrêter ces genres d'ouvrages, l'arrêtage en étant le point principal.

Celles à bateau servent à établir les ouvrages les plus matériels, les chaussures des personnes qui fatiguent ; en un mot, les souliers de campagne. Elles sont expulsées des villes comme étant trop larges et d'un mauvais genre ; cela est fâcheux pour les pieds, car c'est bien sur elles que s'établissent les chaussures où ils sont le plus à leur aise.

Les ouvriers qui font ces ouvrages les bordent en faisant une piqûre au bord du quartier s'ils sont doublés, et, s'ils ne le sont pas, ils font une couture en dehors.

Ces formes sont celles sur lesquelles le monté est le plus difficile.

Il faut observer de ne pas monter ferme en avant. Si l'on montait ferme et que l'on donnât les premiers coups de pinces de chaque côté du bout, comme cela doit se faire ordinairement, il serait impossible de faire porter l'empeigne, à moins que le prêtant ne se trouvât en travers. Lorsque le bout est arrêté, il faut donner les deux premiers coups de pinces en flanc, en tirant droit sur le milieu de l'empeigne et en descendant jusqu'à la cambrure.

C'est de cette manière qu'il faut s'y prendre pour monter sur ces formes, afin d'arriver plus vite et plus facilement.

Il y a un genre de forme dont on se sert assez fréquemment; celles qui sont évidées du devant, ayant le coude-pied très prononcé, et, quoiqu'elles ne soient pas à bateau, on monte de même, en observant, toutefois, de monter plus ferme en avant.

CHAPITRE XXIII.

—

Comment les Semelles doivent être battues.

On sait que les différentes forces et qualités de cuir sont variées ; par cette raison, on ne peut pas fixer le temps que les semelles doivent rester dans l'eau pour être mouillées à propos. Il y en a qui le seraient trop si elles y restaient une demi-minute, d'autres ne le seraient pas assez en y restant une demi-heure. C'est donc à l'ouvrier à surveiller son cuir et ne pas l'employer trop mouillé, parce qu'alors il est long et difficile à travailler ; le marteau le détériore, le fil perd sa qualité et la pâte sa force, la déforme est longue et difficile, elle se ternit, la fermeté manque, l'ouvrage se déforme, les coutures souffrent et souvent se décousent, parce que le cuir en séchant hors, de la forme, se retire, et, en se retirant, brise les points.

Lorsque les semelles sont convenablement mouillées, il faut leur laisser prendre l'eau jusqu'à ce que la fleur ait repris sa couleur naturelle. C'est cette apparence de sécheresse qu'il faut saisir pour leur enlever la bourre et les battre, mais gardez-vous bien de les broyer, comme le font un grand nombre d'ouvriers, sans se rendre compte de ce qu'ils font, et dans l'intention, disent-ils, de faire pénétrer l'eau. Ils ne conçoivent pas que si déjà elles n'étaient pas trop mouillées, ils ne pourraient pas les broyer, et ne comprennent pas qu'en les broyant ils rompent les nerfs, détruisent la fermeté et détériorent la bonté. En continuant ainsi, ils peuvent faire de l'amadou ; ils ôtent aux semelles la force de supporter les coups de marteau, que souvent ils donnent d'une force démesurée, et, du meilleur cuir, ils font le plus mauvais ; l'employer naturellement, sans le battre, serait bien préférable.

On ne voit que rarement des semelles convenablement

battues. Il y a même des ouvriers qui n'en tiennent pas compte, parce qu'ils disent qu'ils les battent quand elles sont cousues; c'est un grand manque de raisonnement, parce que les semelles étant battues après être employées, le prêtant ne pouvant pas sortir, se refoule au long de la couture, la fatigue, et en battant dessus, on peut la briser, on peut aussi désorganiser le monté, et donner une largeur de plus à la chaussure. Les semelles bien battues avant que d'être brochées ne demandent plus que quelques coups de marteau en cambrure, et quelques légers coups autour de la semelle, en dehors des points, et d'être fortement astiquées. Mais la question est de savoir les battre, ce qui ne se voit que chez les ouvriers capables.

Il faut, pour bien battre une semelle, que les coups de marteau s'enchaînent, qu'ils soient donnés pas plus fort en finissant qu'en commençant, que la force du coup soit proportionnée à la force du cuir, une semelle bien battue doit être unie comme avant de l'être, claire, ferme et un peu trop sèche pour être brochée.

On peut battre une semelle mince avec un fort marteau, mais on n'en battra pas une forte avec un marteau faible. Pour peu qn'on ne soit pas familiarisé avec cet outil, elle sera coupée avant d'être battue, car si le marteau est l'outil le plus facile à tenir, il est peut-être le plus difficile à bien faire manœuvrer, et celui dont communément on se sert le moins bien.

Pour presque juger du savoir-faire d'un ouvrier, il ne s'agit que de lui entendre battre une semelle, ne le verrait-on pas. Si les coups sont suivis, donnés avec mesure et précision, on peut se prononcer en sa faveur ; mais si, au contraire, on entend des coups forts et précipités, puis ralentis, cessés et recommencés, quelquefois même singer une marche, on peut juger qu'il ne sait rien faire, que du mal à la peau des pauvres animaux que les hommes ont fait souffrir pendant leur vie et qu'ils massacrent encore après leur mort.

Celui qui l'a dit le premier a fort bien dit, qu'une bonne marchandise devenait mauvaise dans les mains d'un mauvais ouvrier, et qu'une mauvaise devenait bonne dans celles d'un bon.

Celui qui l'a dit le premier a fort bien dit, qu'une bonne marchandise devenait mauvaise dans les mains d'un mauvais ouvrier, et qu'une mauvaise devenait bonne dans celles d'un bon.

CHAPITRE XXIV.

Différentes observations sur les Principes.

Premièrement.. — Il faut parer la trépointe, proportionnellement à la force de la lisse demandée, afin, si elle est mince, de ne pas trop altérer la semelle, mais toujours laisser à la trépointe la force de supporter le point. En ôter la fleur, si on veut éviter que le point ne crève.

Deuxièmement. — A partir de la force réservée d'un contrefort, les coups de tranchet doivent imperceptiblement enlever de plus en plus la chair, et venir mourir au bord. Il doit être paré aussi uni que le taillant d'un tranchet et doit être battu, afin d'en diminuer l'épaisseur et le raffermir. Il faut le gratter sur la fleur, pour qu'il colle bien ; un contrefort bien paré bien apprêté, bien pâté, favorise le montage et contribue à la grâce de la chaussure.

Troisièmement. — Les premières de souliers en souliers, et principalement celles qui sont affichées sur des formes droites, exigent la plus grande attention. Si elles ne sont pas bien, on ne ménera pas l'ouvrage carrément, car c'est de là qu'émanent les principaux défauts. Si elles ne sont pas droites, on s'en apercevra en rafraichissant la trépointe, et, si on veut corriger la faute, on en provoquera une plus grande en la coupant jusqu'aux points d'un côté, on sera gêné pour brocher, pour coudre, pour redresser, pour faire la lisse, et, si on la rafraîchit égale partout, la semelle sera brochée de travers ; si, en redressant, on veut chercher à la mettre droite, on pourra empirer le défaut mais non le faire disparaître. De toutes manières, l'ouvrage, hors de la forme, fera mauvais effet. Il en sera de même si la première est droite et que la trépointe soit mal passée.

Quatrièmement. — Le remplissage est un foyer de défauts quand il est mal fait ; s'il est trop mouillé, la pâte ne produit aucun effet ; le cuir, ne gardant pas l'eau, la déforme se ternit. Tel est le remplissage, tel est le dessous. Lorsque la semelle est battue et lissée, le trop plein comme le trop creux reparaît, et, pour la mettre au niveau des cavités, on est contraint de l'égaliser avec la rape et souvent au détriment de sa bonté. Le remplissage doit être uni et à peu près sec, afin d'éviter ces défauts.

Le public ne connaît le remplissage que sous le nom d'âme. L'âme de la chaussure, si âme il y a, consiste aussi dans ce qui contribue à sa durée, c'est-à-dire le monté, la couture, la portée, les ailettes, la pâte. Si une de ces principales choses est absente de la confection, elle sera sans *âme.*

Cinquièmement. — Il faut continuellement avoir de bonne pâte. C'est une gomme contre l'humidité. Elle contribue beaucoup à la fermeté et à la solidité de l'ouvrage ; par cette raison, elle joue un grand rôle dans la confection de la chaussure ; si elle est claire, elle tachera et ne collera pas. Il ne faut pas employer le plus petit morceau de cuir sans qu'il soit pâté.

Sixièmement. — Quand on coupe des premières blanches sur des semelles de chaussons à lisse mince, on les coupe juste en longueur, et, s'ils sont à lisse forte, il faut qu'elles soient plus courtes d'un demi centimètre. Toutes les premières blanches doivent être plus larges en cambrure que la semelle sur laquelle elles sont coupées. Quant à celles de souliers ; on les met quand ils sont faits, pour éviter les trous de clous et l'humidité de la première qui les noircirait. N'éprouvant par de pression, on les pare large et mince, afin qu'elles collent bien.

Septièmement. — La distance du bord de la semelle à la couture d'un escarpin ou d'un chausson ne doit pas être tra-

cée par une gravure, mais bien avec la pointe d'un tranchet
qu'on tient ferme dans les doigts, de la même manière qu'on
tient une plume, laissant passer le bout du tranchet en longueur de la largeur qu'on veut se tracer. Il faut le traîner
autour de la semelle, l'ongle du doigt du milieu coulant au
long de l'épaisseur. Par ce moyen, on obtiendra un tracé
très-droit ; en cousant, le fil trouve un point d'appui, le point
se ferme sans peine et se ferme bien, ce que l'on n'obtiendra
pas en faisant une gravure, puisqu'il est même impossible de
le fermer. On peut s'en rendre compte en regardant entre la
semelle et l'empeigne d'un ouvrage qui vient d'être retourné
et à laquelle on aura fait une gravure, ou verra tous les
points. Qu'on se trace comme je l'indique, on ne les verra
pas ; c'est donc la conséquence d'une bonne ou d'une mauvaise couture. C'est ainsi qu'on s'y prend pour faire des
chaussures sans lisses.

Les gravures sont préjudiciables toutes fois qu'elles ne
sont pas faites avec modération, ce que tous les ouvriers
n'observent pas, car un grand nombre les font par trop pro-
fondes. Aux ouvrages retournés, pour coudre droit et tracer
la largeur du point, elles ne doivent avoir que la profondeur
de l'épaisseur de la bourre. Aux ouvrages en souliers, elles
doivent enterrer le point juste, en observant la grosseur du
fil, qui doit répondre à la force de la semelle.

Huitièmement. — Si on emploie une première qui soit
forte, on peut faire une légère gravure en dedans, mais ne
pas en faire en dehors. Si elle est mince, il ne faut pas en
faire, afin que le point se serre sans que la première fasse
bourrelet,

Neuvièmement. — La couture d'un chausson se commence
par le bout, pour donner la facilité de le bien passer. Celle
d'une première se commence par le derrière, pour éviter que
le contrefort ne sèche par trop. On doit fermer le point sur
la pointe d'un clou ; il en faut deux, afin que le précédent

ne puisse pas se fermer en fermant le présent. Quoique cette couture demande plus de temps, on le rattrape grandement à la seconde ; d'abord le point se serre bien et ne s'enterre pas, on ne le cherche pas, on le prend tout entier, on ne fatigue pas le quartier et l'alène est bien moins en danger de casser.

Dixièmement. — Lorsqu'on broche un talon haut, il faut que la bourre des sous-bouts et des bons bouts soit enlevée, qu'ils ne soient pas mouillés, qu'ils soient bien pâtés, Quand ils sont chevillés, on enlève la fleur avec la rape, et on donne quelques bons coups de marteau à chaque, afin de bien les comprimer. Il faudrait bien faire attention que la broche n'entrât pas dans la forme, ou très-peu, ce que beaucoup n'observent pas, et ce qui est pourtant bien urgent. Premièrement, on n'aurait pas de peine à l'arracher, on ferait plaisir au maître en n'abîmant pas sa forme, on s'éviterait le mal qu'on a souvent de la retirer de la botte ou du soulier, on gagnerait le temps qu'on passe pour couper les chevilles, qui, l'étant rarement bien, indisposent la pratique, et ce serait démontrer qu'on raisonne ce que l'on fait.

CHAPITRE XXV.

—

Au point où l'Ouvrage peut être laissé.

Lorsqu'un escarpin ou un chausson sont montés, ils doivent être cousus, renformés, battus et lissés à l'eau sans interruption. Il ne faut pas les monter si, pendant la durée de ce travail, on doit être dérangé. En faisant autre chose ou rien, on y gagnerait encore, en s'évitant de mouiller les semelles, en ne s'exposant pas à salir les doublures, à tacher les dessus s'ils sont de couleur et à les ternir s'ils sont en peau. Si on abandonne la couture, le fil sèche, perd de sa force, se raidit, ne coule pas bien ; le point se serre mal, la couture est mauvaise, on perd son temps et l'ouvrage souffre.

Lorsqu'un escarpin ou un chausson est renformé tout de bon, il faut qu'il soit terminé sans désemparer, autrement, il faudrait encore mouiller, mais avec précaution, ou la première blanche se noircirait et la déforme serait longue et difficile.

Toute espèce de chaussure en soulier étant montée peut être laissée, mais il serait mieux de les coudre, par rapport à la première et au contrefort, qui sécherait trop. Une couture commencée doit se terminer. L'ouvrage peut être encore suspendu lorsque la première est passée ; de même, lorsque le remplissage est terminé et maintenu avec des clous pour que le tout soit bien collé ; mais, du moment qu'on commence à brocher une botte ou un soulier, ils ne doivent plus être abandonnés avant qu'ils ne soient cousus, battus et lissés. Si on quitte en brochant ou pendant qu'on coud, l'ouvrage n'est plus coulant, tout sèche, tout souffre, la pâte ne prend pas et l'ouvrage ne se fait que difficilement. Il ne faut pas mettre le noir si on pense ne pas pouvoir le lever quand il sera sec à propos, car, en le laissant trop sécher, on a beau-

coup de peine à faire le dessous, et on ne parvient que difficilement à le bien faire. Ceux qui abandonnent l'ouvrage n'é-
tant pas aux points indiqués, sont des ouvriers qui ne savent point ce que c'est que de travailler et manquent de principes, d'idées, de goût et de courage.

CHAPITRE XXVI.

—

De la Déforme.

L'état de cordonnier-bottier est si compliqué, qu'il n'appartient qu'à un ouvrier d'un certain âge et qui s'en est sérieusement occupé, de le connaître, l'apprécier et le raisonner.

La déforme est, sans contredit, la plus belle partie de la confection dans les mains d'un ouvrier perfectionné, d'abord parce qu'elle est belle par elle-même et qu'elle clôt, elle termine, elle enferme le savoir-faire du métier. Mais si la déforme enferme le savoir-faire du métier, le métier ne se renferme pas dans le savoir-faire d'une déforme, comme le prétendent ceux qui font eux-mêmes leur réputation d'ouvrier. Quand ils ont parlé déforme, ils croyent avoir tout dit, et souvent ne savent pas même comment on s'y prend pour parvenir à la bien faire, ne connaissant pas la qualité des semelles employées, ni le degré de sécheresse qu'elles doivent avoir au moment de déformer, et voilà pourtant ce qu'il est indispensable de connaître, ou la déforme devient difficile, on pourrait même dire impossible à bien faire, et, s'il la font passablement, c'est après y avoir passé beaucoup de temps.

Il est regrettable que le plus grand nombre des maîtres et des ouvriers ne jugent d'un ouvrage bien ou mal fait que par la déforme, comme si une belle couture à petits points indiquait que la première est bien affichée ; que, bien redresser, signifiait que la botte ou le soulier est bien monté ; que, de savoir faire la lisse, voulait dire que la première est bien passée, qu'un beau gratté dénote que les fournitures sont bien employées ou que la bottine est bien renformée, etc.; c'est simplement savoir coudre, redresser, faire la lisse et gratter : mais, puisque la confection se compose de mille choses différentes, ceux qui s'arrêtent à la déforme n'annoncent pas qu'ils les connaissent.

En divisant la confection en cinq parties, si la déforme est la plus jolie, elle n'est ni la plus ingénieuse ni la plus difficile : Premièrement, connaître ses fournitures, savoir les mouiller, les apprêter, les battre, les employer ; deuxièmement, savoir faire les fils, joindre, piquer, garnir, afficher ; troisièmement, savoir monter tous les genres de chaussures de sa partie, remplir, brocher ; quatrièmement, renformer, faire le derrière, connaître la portée, travailler proprement ; cinquièmement, déformer.

Qu'on réfléchisse sur chacune de ces parties et qu'on dise si chacune d'elles ne renferme pas autant de savoir-faire qu'il peut y en avoir dans une déforme. Je crois qu'il y en a beaucoup plus ; mais, en supposant, qu'il n'y en ait pas plus, la déforme n'est donc que la cinquième partie de la confection et rien de plus. Si, comme je le dis plus haut, elle est la plus belle en apparence, elle n'a de mérite que si les quatre parties qui la devancent sont bien faites ; autrement, serait-elle parfaite, elle n'est qu'un cache défaut, un soleil qui aveugle l'ignorance.

On peut dire à ceux qui désirent apprendre : Avant de vous occuper de la déforme, appliquez-vous à bien employer le cuir, à bien monter, à bien coudre, à mettre l'ouvrage à la portée ; apprenez à vous servir des pinces, du marteau, du tranchet, et ne craignez pas de vous fatiguer quand vous astiquez. Lorsque vous saurez faire ce peu de choses, vous saurez déformer, et vous pourrez prendre place au rang des bonsouvriers. Le maître devra vous considérer ainsi, car les pratiques ne lui diront pas : cette couture n'est pas parfaite, ce gratté n'est pas beau, cette lisse n'est pas belle, mais elles diront : ma chaussure a pris l'eau, s'est décousue, s'est déformée, s'est éculée.

Lorsqu'un maître reçoit l'ouvrage d'un ouvrier, il doit d'abord s'occuper : 1° S'il n'est pas coupé ; 2° de la portée ; 3° du monté ; 4° de la solidité ; 5° de la fermeté ; 6° de la première ; 7° de la propreté de l'intérieur ; 8° si la bottine,

le chausson ou l'escarpin est bien renformé ; 9° des ailettes,
des jointures, piqûres et garnitures ; 10° de la déforme. Si
on veut tout voir à la fois, on ne verra rien, à moins que les
défauts ne soient par trop sensibles. Un ouvrage perfectionné
jusqu'à la déforme, doit être apprécié, car il a bien son mérite. Exemple, une belle ordonnance.

CHAPITRE XXVII.

—

Premier Conseil.

Que les ouvriers sortant de chez eux pour aller à Paris ou dans quelques grandes villes, sachent bien qu'ils deviendront ce que seront ceux avec qui ils habiteront ou travailleront, qu'ils soient bons ou mauvais ouvriers, tranquilles ou dérangés; il dépend donc d'un grand intérêt pour eux de s'en retirer aussitôt qu'ils s'apercevront de quelque chose de contraire à leurs bonnes dispositions.

Je conseille aux ouvriers qui désirent voyager et acquérir la connaissance du métier, de n'aller à Paris qu'après avoir fait le tour de France, sinon ils sont en danger d'échouer dans leur projet. Paris est une ville si belle, qui offre tant d'agréments de toutes sortes et tant de ressources au travail, vu les variations d'ouvrages qui s'y font et auxquels les ouvriers gagnent leur vie, qu'ils se disent : où pourrions-nous être mieux, et, une fois entrés dans la capitale, ils n'en peuvent plus sortir.

CHAPITRE XXVIII.

Deuxième Conseil.

Ne travaillez pas si vous n'avez pas le cœur à l'ouvrage; mieux vaut ne rien faire que de travailler avec la maladie que nous appelons la flemme : on la provoque par toute espèce d'excès, mais le plus souvent par manque du nécessaire à la vie. L'ouvrier qui travaille doit se nourrir, ce qu'à tort il ne fait pas toujours. En dansant (terme du métier), il croit arriver à la réalisation de ses plans, mais il est dans une complète erreur, car, pas de nourriture suffisante, pas de cœur à l'ouvrage. Notre état est un piége pour l'ouvrier ambitieux qui, mésusant de la liberté de travail qu'offre le métier et comptant sur ses forces ou sur son courage, ne prend ni repos suffisant ni nourriture convenable. Il perd ainsi sa belle santé, et souvent sans espoir de la recouvrer. Il faut travailler, mais il faut aussi du repos, se nourrir, se distraire.—Apprenez à travailler à ceux qui ne le savent pas.—Chantez en travaillant, mais ne parlez pas : en chantant on travaille, en parlant on flâne. — Le véritable ouvrier n'est pas parleur; son travail occupe sa pensée.—Ne parlez pas de votre métier hors de l'atelier. — Ne faites pas votre renommée avec votre langue, mais bien avec votre talent.—Ceux qui se flattent ne savent pas travailler. — Tant que vous serez content de vous, vous ne serez pas parfait ouvrier. — Le vrai ouvrier fait parler son ouvrage et n'en parle pas. — Jugez des autres états par le vôtre, dont les difficultés vous sont seules connues. — Celui qui dit que son métier est plus difficile que celui d'un autre, prouve qu'il n'a pas l'entière connaissance du sien, ou qu'il ignore que toute chose est belle dès qu'elle a le mérite de la perfection, et que tous les ouvriers qui l'atteignent sont égaux en talents.

Si vous avez sujet de mécontentement envers votre bourgeois, que son ouvrage n'en souffre pas. Celui qui se venge ainsi fait preuve de lâcheté. — Quittez honnêtement la maison pour laquelle vous travaillez, c'est un sûr moyen de vous faire aimer, estimer, et qui vous donne la latitude de pouvoir y rentrer encore.

CHAPITRE XXIX.

Troisième Conseil.

Il faut avoir une conversation muette avec son ouvrage, et dire, je suppose : Ce côté d'empeigne est plus fort, je vais mettre une ailette plus mince ; ce quartier est plus mince, je vais lui coller la doublure la plus forte ; cette empeigne et ce quartier doivent être joints ensemble, afin de pouvoir mettre le moins beau en dedans ; j'ai une semelle et une première plus fortes l'une que l'autre, je vais mettre la première la plus forte avec la semelle la plus mince. Tout cela doit se faire sans perdre une minute, on s'en aperçoit en vérifiant ses fournitures. Il y a maintes choses à observer dans la confection et dont il faut s'occuper, ou d'un ouvrage dont la main-d'œuvre est bonne, on fait un ouvrage boiteux.

Il arrive fréquemment que les fournitures ne sont pas égales, et les ouvriers qui mettent sous les yeux du maître ce qu'ils auraient pu cacher, éviter ou corriger avec du goût et de la prévoyance, ne sont pas encore ouvriers.

CHAPITRE XXX.

Quatrième Conseil.

En terme cordonatique, tirer des plans, signifie faire des projets et ne pas les exécuter ; c'est ce qui arrive à la majeure partie des ouvriers cordonniers. Ceux qui vont à Paris ou dans d'autres grandes villes, y vont dans l'intention de se perfectionner. Quatre sur dix en viendront à leur honneur, parce qu'ils auront du cœur, de la résignation, de la persévérance, les autres tomberont dans la catégorie des quinze mille mauvais que Paris renferme continuellement, le courage leur ayant manqué, voyant la distance qu'il avaient à parcourir pour atteindre le but. Je ne veux pas dire la perfection, puisqu'elle n'est pas due à tous, mais on peut être très-bon ouvrier sans être perfectionné.

Tous ceux qui, chacun de leur partie, font convenablement tout ce qui se présente, sans reculer devant les difficultés qu'offrent les variations d'ouvrages auxquels ils sont assujétis, sont les vrais ouvriers, et non ceux qui font toujours le même ouvrage, quelque bien qu'il le fassent. N'imitez pas ces derniers, dont il faut plusieurs pour faire la partie d'homme ou de femme. Pensez qu'un jour vous vous établirez, que vous aurez besoin de connaître le métier, et que vous en serez incapable si vous ne savez faire qu'une sorte d'ouvrage. Attachez-vous à savoir faire, connaître et raisonner un peu tout ce qui concerne l'état, puis, mettez-vous coupeur. Voilà ce que vous devez faire dans votre intérêt, parce que, plus tard, il vous en coûtera trop pour le savoir, et c'est ce que tous les ouvriers ne prévoient pas ; peut-être ne le feraient ils pas encore s'ils le prévoyaient, parce que leur intérêt se trouverait momentanément compromis, et qu'il leur ferait peine de quitter ce qu'il savent bien faire pour passer à un apprentissage de quelques semaines. Certes, il en coûte de quitter un ouvrage où l'on s'est perfectionné; mais, en n'y renonçant pas, il n'y a ni occupation, ni établissement possible que dans les grandes villes. En s'établissant en province, la clientèle se forme d'ouvrages dont on ne connaît ni la confection ni la coupe. On tâtonne, on perd beaucoup de temps, on gâte sa marchandise, on se fait du mauvais sang et on se dégoûte, ce que l'on pourrait éviter en s'instruisant étant ouvrier.

Ceux qui s'établissent et qui savent couper ont toutes les facilités de réussir, parce qu'ils ne font que continuer leur métier, mais que les ouvriers qui n'ont jamais que confectionné sachent, qu'en s'établissant ils entrent en apprentissage, et que cet apprentissage est pénible et très-couteux.

CHAPITRE XXXI.

—

Cinquième Conseil.

Avant de couper, regarder la fleur de la peau et la chair du cuir, afin de vous rendre compte des défauts qu'ils peuvent avoir. Car, faute de cette précaution, il arrive souvent qu'on perd des dessus et que les semelles ne peuvent pas servir.

Lorsque vous coupez dans un côté de cuir ou dans un côté de vache, serait-ce même un ventre ou une tête, voyez ce qui ne peut faire que des bons-bouts, des sous-bouts, des cambrures, des cambrions, des trépointes, des couche points, des contre-forts du remplissage. Puis, débitez le tout, ayez une caisse à compartiments où chaque chose étant séparée, vous n'ayez qu'à mettre la main dessus pour qu'à l'instant même votre fourniture soit faite. Prenez pour principe de la faire telle qu'elle s'emploie savoir : les contreforts, les premières, les trépointes, les cambrures, les cambrions, le remplissage, les semelles, les couche-points, les sous-bouts, les bons-bouts, les chevilles, et par ce moyen, vous serez sûr de ne donner à l'ouvrier ni plus ni moins de ce qui lui revient.

CHAPITRE XXXII.

—

Sixième Conseil.

Presque tous les ouvriers vivent momentanément de leur travail et ne s'occupent aucunement de l'avenir, pas même lorsqu'ils se marient, car il est à remarquer que, dans les provinces, ils épousent généralement des femmes de chambre ou des cuisinières, qui quittent les unes la toilette de leurs dames, les autres leurs fourneaux et leurs casseroles, pour border des souliers de satin ou tout autres; c'est comme si l'on voulait faire faire des horloges à ceux qui n'ont jamais fait que des bottes. Si ceux qui ont l'intention de s'établir en connaissaient la conséquence, ils se marieraient avec des femmes de l'état, n'auraient-elles rien, préférablement à d'autres qui leur apporteraient une dot, mais s'ils croyent qu'apprendre à border est l'affaire d'une matinée, c'est une erreur. Border est un métier comme un autre, et, pour le savoir à peu près, il faut un apprentissage. Très-peu de celles qui en font leur profession peuvent bien saisir de parfaitement arrêter à la portée, et les bonnes bordeuses sont aussi rares à proportion que les bons ouvriers. Il est donc impossible que des personnes qui n'en ont aucune notion, puissent savoir border, ou il résulte que les formes étant parfaitement disposées, les chaussures bien montées ne vont pas parce que le quartier du soulier qui n'est pas joint n'est pas à sa portée, et que, dans toute espèce de chaussures jointes, le bord est trop ou pas assez serré et les points des uns et des autres, mal faits.

Une bonne bordeuse est surtout précieuse dans un établissement de chaussures de femme. Elle corrige un ouvrage mal monté, rafraîchit, chausse et vend. Pas de bonnes bordeuses, pas d'établissement sérieux.

—

CHAPITRE XXXIII.

Couler sur l'Ouvrage.

Les ouvriers qui ont l'intention d'apprendre à travailler ne devraient jamais chercher à couler sur l'ouvrage, ils se retardent, en voulant prendre une coursière qu'ils ne connaissent pas. Il n'appartient qu'à deux catégories d'ouvriers de couler, aux très-bons et aux très-mauvais. Les premiers sont des couleurs consciencieux, les seconds sont le fléau du métier ; ils emploient très-mal leurs marchandises ; leur ouvrage n'est ni à la portée, ni propre ni solide ; d'un seul coup de pinces, ils montent une bottine ; ils font les fils très-minces, se servent d'alènes très-fortes, font les points très-longs, ne cirent pas en cousant, coupent l'étoffe et la toile rase la couture, ne se servent de pâte que pour coller la première blanche, ne renforment qu'une fois, ne mettent qu'un clou derrière, ne se servent aucunement de marteau, ne redressent pas le devant, ne se servent qu'une fois de l'astic et du bisègle, etc. Les autres montent à peu près bien, font les fils plus forts, cirent une fois en cousant, laissent de l'étoffe dans la couture, font enfin l'ouvrage à peu près solide, propre et à la portée. Ces ouvriers ne coulent que quand ils veulent travailler à basses façons ou qu'ils y sont contraints ; mais, quand ils sont payés selon leur talent, ils ne coulent pas, parce qu'ayant eu le cœur d'apprendre à travailler, ils ont la délicatesse de ne pas vouloir tromper le maître et la pratique, qui, tous deux, paient pour avoir de l'ouvrage bon et bien fait. Ces ouvriers travaillent ordinairement à basses façons, quand ils veulent se caler, c'est-à-dire s'acheter des effets d'habillement, parce qu'on leur donne de l'ouvrage par plusieurs douzaines de paires, ce qui fait qu'ils ont la facilité de travailler sans débrider, aussi longtemps que leur force ou leur courage le leur permet, et, quand ils ont ce qu'ils veulent avoir, l'amour-propre veut qu'ils reviennent travailler à hautes façons, quoique le bénéfice ne vaille pas celui des petites, par la raison de la complication de l'ouvrage, du peu qu'on en donne à faire à la fois, du dérangement pour aller livrer, et du temps perdu par les chômes qu'on est susceptible d'éprouver. C'est ce qui fait que la commission occcupe de très bons ouvriers, mais disons qu'il n'y a pas de règle sans exception.

CHAPITRE XXXIV.

—

De la Gratte.

Dans le temps où les ouvriers travaillaient chez les maîtres, l'ouvrage se faisait bon, beau et solide ; ils se perfec-
tionnaient entre eux, s'encourageaient ; l'intérêt, l'amour-
propre, la jalousie, tout s'en mêlait ; le plus mauvais voulait
devenir le meilleur, et le plus faible le plus fort. Le maître
surveillait ; le fil, la poix, la pâte, rien ne manquait. Mais
du moment où cette surveillance a cessé, elle a causé la
perte de la solidité, parce qu'il arrive que les ouvriers, soit
par économie, par paresse de sortir, par insouciance, par
mécontentement du maître, mais le plus souvent par manque
d'argent, établissent l'ouvrage sans assez de pâte, pas assez
de fil, pas assez de clous, et de mauvaise poix. Donc, l'ouvrage ne se fait plus avec la même solidité. De plus, beaucoup d'ouvriers mariés font de l'ouvrage à leur compte, et,
ne payant pas de patente, pas de contributions, n'ayant ni
charges de ville, ni frais de maison, et qu'un faible loyer,
ont toutes les facilités d'établir à bon marché, ce qui fait un
grand tort aux maîtres patentés, et qui n'existait pas lorsqu'on travaillait en boutique. On ne savait pas non plus ce
que c'était que de couler, encore bien moins ce que c'est
que de gratter ; mais, du moment où les ouvriers ont tra-
vaillé dans leur chambre, la passion de la gratte a pris naissance. Il s'est formé trois catégories de gratteurs. La première se contente de ce que le maître donne de trop et de
quelques brinborions que leur industrie leur procure, sans
que l'ouvrage en souffre. Les seconds perdent souvent plus
de temps à gratter que ne vaut ce qu'ils grattent ; mais ils ont
gratté, ils sont satisfaits. Quant aux troisièmes, ce sont les
grands gratteurs, ceux qui perdent le moins leur temps, et
et dont la gratte est la plus fructueuse.

CHAPITRE XXXV.

—

De la différence des Maîtres et des Ouvriers des grandes villes à ceux des petites villes.

Les ouvriers des grandes villes dépendent des maîtres, les maîtres des petites villes dépendent des ouvriers.

S'établir, s'est renoncer au travail manuel, c'est-à-dire à son métier primitif ; le talent de la confection ne sert plus à ceux qui le possèdent, qu'à commander l'ouvrage, le connaître, le raisonner, reprendre les ouvriers ou les complimenter.

Les maîtres des grandes villes jouissent de cette latitude, mais non ceux de la province. Il faut qu'ils se soumettent aux volontés des ouvriers exigents qu'ils les servent exactement, qu'ils reçoivent l'ouvrage quand ils veulent le livrer et sans avoir le droit de faire de justes observations, et, s'ils en font, l'ouvrier veut toujours avoir raison, Je suppose que le maître dise : — Vos semelles sont trop étroites, il répondra : Je les ai laissées de toute leur largeur. — Ces cambrures sont trop faibles et ce n'est pas empli. — Elles étaient minces, et j'ai mis tout ce que vous m'avez donné pour emplir.—La lisse est trop mince. — J'ai laissé la semelle et la trépointe de toute leur force. — Ces talons sont trop bas. — J'ai employé tous les sous-bouts. — Ces contreforts sont trop minces. — Je n'ai rien ôté de leur force. — Ces ailettes sont trop basse. — Vous ne me les avez pas données plus larges. — Ces derrières d'escarpins sont trop en dessous, et pas assez fort. — Les semelles n'étaient pas plus longues et le couchepoint était mince. — On voit tous les points de la semelle. — Les premières n'étaient pas plus larges. — Ces dessus sont trop découverts. — Je vous assure que je n'ai pris que le point juste au bout.

Mais, si on veut leur démontrer que leur excuse n'est pas

admissible, ces Messieurs se formalisent et font le projet de quitter, disant que vous êtes grec. Or, souvent il faut leur céder, ne pouvant les remplacer que par de plus susceptibles, de plus exigeants ou de mauvais. Mais, arrivés dans une grande ville, ces mêmes ouvriers sont souples, polis, obéisssants comme des apprentis ; ils sont, sans comparaison, comme un chausson retourné, on ne les reconnaît plus. Voilà ce que deviennent, dans les grandes villes, ces ouvriers qui, dans les petites, font tant de misères aux maîtres.

Les maîtres des grandes villes n'avancent rien aux ouvriers, et il faut que l'ouvrage soit livré à l'heure demandée, autrement on leur dit, quelque bons qu'ils soient : Voilà votre livre, j'aime mieux vous perdre que de perdre une pratique.

Dans une grande ville, jamais un maître n'a manqué d'ouvriers ; dans une petite, beaucoup n'ont pas réussi, faute de n'avoir pu faire établir convenablement. Si le pays renferme quelques ouvriers à peu près bons, c'est à qui les aura, et ceux qui les occupent ne les conservent quelquefois qu'à force d'argent prêté. Il serait à désirer que, comme à Paris, cela n'existât pas, car ces ouvriers engagent ainsi leur liberté, et il arrive pour les maîtres que, dans le nombre heureusement petit des ouvriers qui oublient leur surnom de braves, il s'en trouve qui s'acquittent en travaillant avec dérision et contreignent à ce qu'on les renvoie. C'est ainsi que la dette se trouve payée.

Tous les désagréments qu'éprouvent les maîtres, dans les petites villes, ne se bornent pas là ; ils sont sans nombre. Dans les grandes villes, et principalement à Paris, on peut commencer à s'établir à peu de frais, chacun ne faisant qu'un genre d'ouvrage et ayant la facilité d'aller chercher les marchandises à mesure que l'ouvrage leur est commandé. On les a fraîches et pas si cher qu'en province, mais, dans les villes où l'on est tenu de tout faire, cela entraîne à un matériel considérable : il faut un peu de tout, des formes d'hommes, de femmes, d'enfants, de tous genres ; cuir, vache, débris, tiges, avant-pieds, veau ciré, verni, cheval, croupons, chèvre, veau suisse, daim, mouton, satin, maroquin et étoffes de toutes couleurs ; doublures de toutes sortes, il faut de tout cela, et, si on ne l'a pas, on est exposé à ne pas pouvoir entreprendre tout ce qui peut être commandé, car il faut chausser le pauvre et le riche, la campagne et la ville, Monsieur et Madame, les petits et les grands enfants, et enfin tout le monde indistinctement.

On conviendra qu'en province, la main-d'œuvre est pénible et difficile ; que, pour faire un bon maître et un bon ouvrier, il faut avoir beaucoup de patience et posséder tout le savoir-faire du métier. On conviendra aussi que, dans les grandes villes, les ouvriers et les maitres faisant continuellement le même ouvrage, il devient routine plutôt que métier, ce qui fait qu'ils travaillent avec facilité et habileté ; c'est pourquoi tout y est généralement mieux fait.

En province, si ce n'est que les bons ouvriers n'ont pas de mortes saisons, aucun ne travaillerait à le devenir, par la raison que ceux qui sont mauvais ont la même façon, ce qui n'est pas légal et qui excite une jalousie bien naturelle, car il arrive (et il arrive fréquemment), que la semaine des mauvais est bien meilleure que celle des bons, ce qui n'encourage ni les uns ni les autres à bien faire, mais c'est l'usage ; cela tient à la rareté des ouvriers pendant l'été.

A Paris, il n'en est pas de même, chacun est payé selon son savoir-faire, ce qui donne du goût, du courage, de l'émulation, et qui fait que ceux qui ont l'amour du métier ont intérêt à travailler à atteindre le prix le plus élevé.

CHAPITRE XXXVI.

—

Coupe et Mesures.

Je ne terminerai pas sans parler de la coupe et des mesures, bien que je n'aie pas la prétention de démontrer comment il faut s'y prendre pour bien couper non plus que pour bien chausser, parce que ce sont deux parties qui demandent plus de goût que de méthode, et j'ai la conviction qu'on ne pourrait en faire par écrit la description complète, la coupe étant un art d'autant plus varié qu'il est sujet à la mode, et chausser un talent personnel, sans principes arrêtés. Chaque maître prenant ses mesures plus ou moins ferme, plus ou moins haut sur le pied; telle personne voulant être bien chaussée, telle autre voulant l'être trop court, trop long, trop étroit ou trop large. Puis viennent les différentes conformations de pieds, pieds plats, pieds cambrés, pieds difformes, pieds à goutte, pieds sensibles, pieds gras ou minces, pieds grands ou petits, pieds bien ou mal faits.

Celui qui dirait; je chausserai ces pieds pour la première fois et chaque personne se trouvera chaussée selon ses désirs, serait bien présomptueux.

Quant à moi je ne me dis ni coupeur ni artiste chausseur n'ayant pas fait d'apprentissage dans ces parties du métier, ce qui m'a valu de me trouver très-embarrassé dans les premières années de mon établissement. Mais je ne suis pas un de ces hommes qui rougissent de s'instruire dans leur métier; j'ai demandé des avis aux uns et aux autres, et comme il s'agissait d'en trouver qui soient portés de bonne volonté et capables d'en donner, ceux là sont si rares que j'ai été longtemps à en découvrir. C'est ce qui fait que j'entreprends de donner un aperçu de ces deux parties pour venir en aide à ceux qui s'établissent sans en avoir aucune notion, afin que comme moi ils ne végètent pas pour les avoir connues trop tard.

CHAPITRE XXXVII.

—

De la Coupe sans être joint.

Le talent de couper des ouvrages qui ne sont pas joints n'est pas grand ; quelques leçons, quelques explications peuvent en donner une connaissance suffisante. Je me borne à dire que toutes les peaux ont leur sens, ce que beaucoup ignorent ; qu'il faut que le prêtant des empeignes se trouve en longueur et en largeur aux quartiers ; qu'il doit en être de même des doublures. Il faut que l'étoffe et la peau soient coupées droit, dans leur sens ou l'ouvrier ne pourrait pas bien monter et la chaussure se déformerait. Pour les chaussures d'étoffes, et principalement celles de satin, il faut que la peau blanche n'ait pas le moindre prêtant, et que la bordeuse arrête la doublure une idée plus ferme que le dessus, ou l'empeigne de satin pourrait lâcher le point.

CHAPITRE XXXVIII.

—

Mesures de Bottines.

Cette mesure se compose de la longueur du pied, de l'entrée, qui est du talon au haut du coude-pied, de la grosseur du bas de la jambe, au-dessus de la cheville, du coude-pied et des doigts de pied. On prend note des observations. La garniture de la forme dépend de la manière dont la mesure est prise, à savoir si le pied a été ou non serré dedans, ce qui peut faire la différence d'un centimètre. On peut donner à la forme deux centimètres en longueur de plus que le pied. Mais le tout dépend de la manière dont les personnes aiment à être chaussées.

Les fournisseurs, la commission, et les maisons qui n'ont qu'un genre de forme ont des patrons ajustés dessus par numéros. Mais, en général, les maîtres à la pratique, et principalement ceux de province, ont un patron pour chacune des personnes qu'elles chaussent, leurs pieds seraient-ils de la même longueur et de la même grosseur, parce que chacune a son genre de forme pour se trouver bien chaussée.

Que les maîtres qui ne sont pas sûrs de bien faire leurs patrons, les laissent de trois centimètres plus longs que la forme, et même de quatre si le pied est fort ; d'un centimètre plus large que la mesure du haut et de l'entrée, vu les coutures. Si les bottines sont à boutons et en étoffe, le patron est le même, mais s'ils sont en peau et à boutons on fait le patron juste à la mesure de la jambe et de l'entrée.

Les doublures en peau doivent être un peu plus étroites, afin que les tiges les emboîtent bien.

CHAPITRE XXXIX.

Mesure de Bottes.

Quand on prend mesure de bottes on a un morceau de papier un peu de fort, d'un pied de longueur sur quatre à cinq pouces de large, sur lequel la personne met le pied étant debout en appuyant. Avec un crayon on trace le tour du pied, on marque les endroits des cors, des parties sensibles, s'il en existe, afin de garnir la forme en conséquence. On prend mesure avec un centimètre, d'abord de l'entrée, qui est du talon au haut du coude-pied, puis au coude-pied, aux doigts de pied. Si le mollet est fort, on en prend la mesure; dans le cas contraire, on ne la prend pas. En prenant mesure, on ne doit serrer ni trop ni trop peu le pied; on enregistre les numéros à mesure qu'on les prend, on écrit les recommandations que fait la pratique; savoir les exécuter fait partie du génie du maître et de l'ouvrier.

Il est nécessaire de prendre légérement dans la main le talon de la personne pour en apprécier la force, afin que la forme soit convenable.

Pour bien placer les oignons, on met la forme sur la mesure juste à la marque faite derrière, et on voit leur place où on l'y a désignée.

CHAPITRE XL.

Coupe de Bottes.

Pour couper une botte, on ne se sert aucunement de la forme, c'est sur la mesure qu'elle doit être coupée. On donne d'abord quelques bons coups de pinces en haut de la tige, pour en faire sortir le prêtant, en maintenant le bas avec les mains, on en donne en queue, tirant sur le milieu du cambre, afin de faire rentrer ce qui peut en être sorti, on en donne encore au bout, tirant au long du bas de l'avant-pied, puis on donne des coups de marteau au long du devant et du derrière, pour que le pli soit également aplati.

Quand on coupe, on donne d'abord un coup de tranchet au bas du derrière, après on le coupe au long, très-droit dans ses proportions; il faut qu'il soit plus large que le devant. Lorsqu'on a coupé l'avant-pied à la mesure du coude-pied, on met le derrière sur le devant, se joignant juste au bas. La tige doit être placée bien en face du coupeur; c'est avec le derrière qu'on doit trouver l'entrée, en le reculant ou en l'avançant. Du bas du derrière au cambre de l'avant-pied, la mesure doit être pleine, puis on replace sa mesure de 13 à 14 centimètres du bas du derrière, et de cette hauteur au haut du cambre du devant, la mesure doit être pleine aussi. Le milieu de la tige doit avoir un centimètre de plus, et le haut doit en avoir deux. Quand ces mesures sont trouvées, on marque d'une distance à l'autre et on coupe le trop. On rassemble les deux parties, et on se rend compte si tout est bien juste à la mesure.

Il y a des maîtres qui coupent leurs tiges sans les tirer. Il faut faire sortir le prêtant des dessus coupés dans la peau, les ployer la fleur dessus et se servir de la forme gauche pour les afficher.

La forme doit avoir un centimètre et demi de longueur de

plus que le pied, la garniture, au coude-pied, un demi centimètre de moins que la mesure et pleine mesure aux doigts ; mais les pieds matériels, malades et sensibles, font un changement dans la mesure, comme aussi des tiges fortes ou minces en font pour la coupe et pour la garniture de la forme.

Lorsque les bottes sont livrées, on met sur le livre ce qu'on appelle le numéro d'ordre, c'est-à-dire le nom de la pratique, son adresse, l'année et le quantième du mois, le genre d'ouvrage, le nom de l'ouvrier, on enregistre la mesure. Je suppose : Forme 27 ; longueur du pied 25 centimètres ; entrée 34 ; coude-pieds 24 ; doigts 23 ; mollet 40. Un demi centimètre de moins que la mesure prise au coude-pied va bien, donc que la mesure est bonne, sinon on corrige le numéro qui a fait défaut.

CHAPITRE XLI.

—

De l'Exposition.

L'exposition de 1855 est la seule où on a pu remarquer de l'ouvrage digne du métier. Ce n'est pas que je prétende dire que les ouvriers capables manquaient avant, mais les maisons qui les occupaient n'exposaient pas alors. A la première que j'ai vue, je dis à M. Melnotte : Qu'allez-vous faire faire pour l'exposition? Rien, me dit-il, il n'y a que les cameloteurs qui exposent. Il avait parfaitement raison, car je n'y ai jamais vu d'ouvrage digne de fixer l'attention d'un connaisseur. Mais il n'en a pas été de même à l'exposition de 1855, les maîtres cordonniers les plus en renommée ont exposé les ouvrages perfectionnés de leurs ouvriers ; il faut espérer qu'ils continueront, afin que le public voie, apprécie, juge même ce dont est capable un bon ouvrier du métier. Quelles belles leçons on pouvait prendre à l'exposition de 1855, quels encouragements pour ceux qui ont l'amour de leur état ! Quant à moi, j'ai vu avec une entière satisfaction la tendance qu'il y a à ce qu'enfin on en revienne aux passe-talons, ouvrage de goût, propre et délicat, et qui fait la distinction de l'ouvrage de femme à celui d'homme, car, depuis qu'on a adopté les derrières à couche-points et à talon en cuir, je me suis dit : Il n'y a plus d'ouvriers de femme, il n'y a que des bottiers. Courage donc, maîtres et ouvriers, réveillez la chiffonnerie depuis si longtemps en sommeil ! ..

CHAPITRE XLII.

—

Comment se fait un derrière à passe-talon.

La peau, pour faire un passe-talon, doit être mince et de bonne nature, il peut se coudre de deux manières. On peut passer une trépointe, comme aussi on peut mettre le point dessus. Si on le met dessus, on ne coupe pas ce qui reste de fil lorsque la couture est faite. On passe le machinoir derrière les points en l'appuyant de manière à former un petit sillon. On cire bien les deux branches du fil et on les retord, ce qui forme une corde que l'on couche autour des points, ayant soin de bien la tendre. On l'arrête au bout, en la passant dans la première. En coupant ce qu'il y a à couper, il faut bien faire attention de ne pas altérer la couture, on met un peu de suif sur la marge du bisègle, et de la corde on fait une lisse.

Mais une trépointe est bien préférable. Quand elle est bien passée, l'emboîtage est mieux et plus solide, et donne la facilité de faire le derrière plus fort. Il faut que la couture soit faite de manière à ce que, quand la trépointe est coupée, redressée et lissée, il ne reste que ce qui se trouve sous le point. On remplit, on passe de la pâte sur le passe-talon, on le renverse, on le faufile de droite à gauche, de manière à ce qu'il porte bien tout autour de l'emboîtage, on refait la lisse; il faut qu'elle soit aussi bien faite que celle d'une semelle, mais, toutefois, ne pas brûler le passe-talon avec le bisègle. En cousant, on ferme le point sur la semelle avant de le fermer sur le passe-talon, afin de pouvoir mieux le gouverner. Avant de coucher sur le point, on passe le machinoir derrière les points, pour aplatir le petit bourrelet formé par la piqûre; en débourrant, on découvre justement les points. Lorsque la lisse est terminée et avant de gratter, on les relève avec la pointe de la lame qu'on pose entre, en la tenant droite et ferme et en renversant ou en obliquant le poignet en dedans. En appuyant de manière à ce que le point obéisse à ce mouvement, il se trouve parfaitement détaché, et, quand ce coup de lame est bien donné, les points, font l'effet du dos d'une lentille; mais beaucoup, ne pouvant le saisir, se servaient de la pointe d'un clou, ce qui faisait que la piqûre n'était pas belle, même étant bien faite.

CHAPITRE XLIII.

—

Manière de faire de la Cire blanche.

Beaucoup faisaient fondre de la cire, y mettaient du blanc, le remuaient, le laissaient refroidir, et la cire était faite. Ce n'est pas ainsi qu'elle doit se faire pour être belle et bonne : il faut avoir un morceau de peau blanche, ni trop fort ni trop mince, enlever la bourre, parce qu'il faut qu'elle soit travaillée du côté de la chair ; couper en tranches minces une demi-tablette ou plus de cire vierge, gratter dessus du blanc de céruse avec la lame d'un couteau, de manière à ce que les morceaux de cire soient plus que poudrés, renfermer cela hermétiquement dans le morceau de peau blanche, puis prendre le billot et le marteau, battre cette petite boule très-vite, mais de manière à ne pas crever la peau. Lorsqu'elle est bien réchauffée par le marteau et qu'on s'aperçoit qu'elle fait pâte, on la regarde afin de se rendre compte si elle est trop grasse ou trop maigre ; dans l'un ou l'autre cas, on y met de la cire ou du blanc, puis on la bat de nouveau jusqu'à ce qu'elle soit extrêmement molle et blanche. Lorsqu'elle est faite, on la met en boule et on la laisse dans le morceau de peau dans lequel elle a été battue, et l'y maintenant au moyen d'une pointe qu'on enfonce derrière.

CHAPITRE XLIV.

—

Du Fil blanc.

Le fil ne doit pas avoir plus d'un mètre dix centimètres de longueur, afin de ne pas tirer deux fois le point; il doit être tiré et retord sans être à peine touché; on ne doit le passer ni sous la chaise, ni dans le tablier, ni dans les mains. Lorsqu'il est retord, on met l'astic entre les deux genoux, on passe le fil dessous, on le maintient un peu ferme, tenant les deux pointes en l'air, on prend la peau blanche qui contient la cire, on la place entre les deux branches qu'on presse dessus, et on cire du haut en bas. Quand il est ciré, on laisse couler une branche que l'on reprend plus bas, afin de pouvoir cirer la petite partie qui se trouve sous l'astic. Les pointes se cirent avec de la cire grasse; quand les soies sont mises, on en passe de la blanche afin qu'elles passent bien.

Les fils blancs peuvent se remplacer par le cordonnet, mais le point ne se maîtrise pas aussi bien.

CHAPITRE XLV.

—

Le Secret de l'état de Cordonnier.

Je n'attends pas à être à l'agonie pour dire mes secrets, comme l'a fait Antoine, car, après ces dernières observations, je croirai avoir dit tout ce que je sais.

Je ne donnerai pas pour du nouveau que le temps perdu ne se retrouve pas; c'est un trop vieux proverbe; mais je crois devoir le rappeler aux ouvriers qui n'en tiennent pas compte, qui, après avoir battu leur *flemme*, disent toujours : Je me rattraperai demain. La semaine prochaine, il faut que je fasse une bonne semaine; ce sont des plans qu'on renouvelle continuellement et qui vont toujours se noyer dans le baquet.

Le secret de l'état de cordonnier est que, pour devenir ouvrier, il faut de l'assiduité au travail, avoir une montre, travailler à la minute, à l'heure, se dire : J'ai resté tant de minutes, pour apprêter mes fournitures, joindre, piquer, garnir, afficher, monter, coudre, remplir, brocher, redresser, déformer; tant d'heures ou tant de jours pour faire telle ou telle paire de chaussures; aux prochaines, il faut que je reste moins et que je fasse mieux. Être toujours en avance sur chacune des choses détaillées, et on aura gagné beaucoup de temps sur l'ensemble de la confection.

Placez votre petit matériel de manière à ne rien chercher : en se servant d'un outil, occupez-vous de celui dont vous allez avoir besoin; en cherchant on perd un temps regrettable et souvent on se décourage. Lorsqu'on est dehors, pensez à acheter ce qui vous manque pour travailler, sortir exprès est s'exposer à perdre la journée. Ne faites pas d'économies sur vos fournitures, achetez des premières qualités ; ayez toujours des tranchets qui coupent bien, des alènes piquant bien et convenables à toutes les coutures, jointures, piqûres que vous êtes susceptibles de faire. Faites des fils courts, avec des soies bien poncées et bien choisies, c'est-à-dire convenables à l'ouvrage que vous faites. Réglez vos coutures ; ne faites pas les points trop petits, la couture en est trop longue, fatigue l'empeigne ou la trépointe. Les grands points sont longs à fermer, le fil peut casser, et la couture est mauvaise. Ayez des clous, bien effilés, de beaux fils, de bonne poix, de bonne pâte, et que tous les autres outils fonctionnent bien.

Suivez cette méthode et vous deviendrez bon ouvrier ; je ne dis pas ouvrier perfectionné, la perfection n'est même pas due à tous ceux qui travaillent à l'atteindre ; pour y parvenir, il faut y être appelé par don de nature, comme dans tous les autres arts et métiers.

FIN.

TABLE DES CHAPITRES.

FIN DE LA TABLE DES CHAPITRES.

Melun. — Imprimerie de DESRUES et Cie.

DÉPOT.

Au Bureau des Ouvriers cordonniers.

Chez les Mères des Ouvriers cordonniers.

Chez les Marchands de crépins.

Chez les Repasseurs.